田丽霞 著

教书的门道

Methods of Teaching

中国人民大学出版社
·北京·

图书在版编目（CIP）数据

教书的门道 / 田丽霞著. —北京：中国人民大学出版社，2017.12
ISBN 978 – 7 – 300 – 25089 – 2

Ⅰ. ①教… Ⅱ. ①田… Ⅲ. ①中学教育—教学研究 Ⅳ. ①G632.0

中国版本图书馆CIP数据核字（2017）第260957号

教书的门道
田丽霞 著
Jiaoshu de Mendao

出版发行	中国人民大学出版社		
社　　址	北京中关村大街31号	邮政编码	100080
电　　话	010 – 62511242（总编室）		010 – 62511770（质管部）
	010 – 82501766（邮购部）		010 – 62514148（门市部）
	010 – 62515195（发行公司）		010 – 62515275（盗版举报）
网　　址	http://www.crup.com.cn		
	http://www.ttrnet.com（人大教研网）		
经　　销	新华书店		
印　　刷	北京东君印刷有限公司		
规　　格	168 mm × 239 mm　16 开本	版　　次	2017 年 12 月第 1 版
印　　张	13.5　插页1	印　　次	2018 年 8 月第 2 次印刷
字　　数	200 000	定　　价	45.00 元

CONTENTS 目录

第三辑　精进，让自己更优秀

第四辑　行动，让自己更精彩

自序 鲜花满径一起走

静坐于书房，看着眼前的日历，想到一个问题：再有三年就要退休了，我将怎样度过这段宝贵的时光，为自己的教育生涯画上一个圆满的句号呢？我的答案是——鲜花满径一起走。

陪伴——与学生同行

自从1985年登上讲台，至今已有32个年头，职业生涯接近终点，这批学生可能是我带的最后一届学生，最后一个班级了。我要百倍珍惜，更加努力，要多和学生在一起，陪他们走过躁动的青春岁月。

回想刚刚入职的那些年，我没有工作经验，但是精力充沛，干劲儿十足，每天很早就来到学校，走进班级。迟到的学生一见到我就面露羞愧之色，我的存在就是无声的批评；偷懒、贪玩的学生一看到我的身影就立刻投入学习之中，我的出现就是有力的命令。后来我发现，不论多么懒散的学生，都能自觉遵守纪律，准时到校。那一段经历告诉我：对教师而言，到位就是管理，陪伴就是教育。

以后，我要准时到位，少一些说教，多一些陪伴！

携手——与家长同行

家长是孩子的第一任老师，是教师的同盟军。如果没有家长的支持，教师就是孤军奋战，工作上将会困难重重。我要多和家长沟通，精诚合作，共同托起明天的太阳。

现在，我的班级有55名学生。学生的家长都认识我，我也认识学生的家长。我知道家长望子成龙、望女成凤的心情多么急切，也知道很多家长对教育并不内行，面对着青春、叛逆的孩子，他们惶惑、紧张、束手无策。

我要和家长携手并肩，为学生保驾护航！我要定期召开家长会，开设家长课堂，和家长分享教子经验，让家长成为教育的内行。我要悄悄地告诉家长，他的孩子有哪些缺点，让家长担起责任，帮助孩子克服不足、健康成长；我更要公开地告诉家长，他的孩子有哪些优点，让家长感到快乐、幸福，看到孩子的闪光点，学会赏识、表扬。

分享——与教师同行

作为教育的践行者，我深深地知道，教育这一径长途，有绿叶披拂，鲜花摇曳；也有荆棘拦路，坎坷险阻。行走在教育的路上，遇到鲜花，要懂得珍惜；遇到绿叶，要懂得欣赏；遇到荆棘拦路，自然要披之、斩之；遇到坎坷险阻，自然要攻克之、跨越之。

作为教育的探索者，我们要享受这一切，更要记录这一切。记录鲜花的美丽芬芳、绿叶的妖娆蓬勃，记录披荆斩棘的痛苦与快乐、攻关克难的付出与收获。

作为有教育情怀的人，我们仅仅记录是不够的，还要分享。将成功的喜悦与同行分享，就好比微风吹拂种子，也许在将来的某一天，成功之花会在天涯开放；把失败的教训和同行分享，就好比在湍急的河流中竖起了航标，指引那竞渡的船儿，避开暗礁，不再抛锚。只有这样，我们才能无愧于先行者的护爱，无愧于同行者的陪伴，无愧于后来者的信任与跟随。

所以，我要抓紧时间做事，把我对教育的理解与思考及时地与朋友们分享，与他们切磋共进，一起成长。

鲜花满径一起走，我要和大家一起去寻找“教书的门道”！

第一辑

突破，让自己更幸福

幸福生活从这里开始

新的学期来到了，作为一名新教师，您就要走马上任了。我衷心地祝贺您：您的幸福生活就要开始了！那么，怎样开启您的幸福之旅呢？

一、抱定一个信念——我行

刚刚走上讲台，您一定有一些惶惑与不安，担心自己知识不足、方法不多；担心学生不尊重您、家长不信任您；甚至对怎样开始工作都有一些茫然无措。这些担心都是很正常的，是每一个初为人师者都经历过的。而这些担心，恰恰证明您是一个有责任感和上进心的人，这就是您成功的基础。

其实，教师是一个普通而又平常的职业，没有什么玄妙之处，只要用心，一般人都能够胜任。更何况，您除了有责任感、上进心之外，还有很多优势呢。

刚刚走上讲台，您没有旧经验的束缚，没有条条框框的限制，就像一张白纸，能够画出最新最美的图画，这是年轻人独有的财富！

刚刚走上讲台，您身体健康、精力充沛，家庭负担较轻，能够全身心地投入工作之中，这就是您后来居上的资本。

刚刚走上讲台，您年轻美丽或英俊潇洒，能够顺利地走近学生，成为学生的知心姐姐或邻家阿哥，做到沟通无障碍，这就是您得天独厚的优势！

年轻就是财富，年轻就是资本，年轻就是您赢得学生、获得成功的优势。您要抱定一个信念：“我能行，只要努力，我就能成为最棒的教师！”

二、培养一个习惯——思考

年轻教师最容易出现的问题是盲从，看到别人怎么做自己就怎么做，依样画葫芦，其结果很可能是画虎不成反类犬。适合的才是最好的，适合学生、适合自己的方法才是最好的方法。好方法在哪里呢？不在理论家的书本里，也不在专家的报告中，而在您自己的实践和思考之中。所以，您一定要养成思考的习惯。

（1）思考什么呢？

首先要思考学生：他们是谁？他们有什么特点？会出现什么问题？该怎样应对？其次要思考自己：我是谁？我有什么特点？我将怎样管理学生？我从哪里入手开始工作？当然，还要思考我们所处的时代：这是一个怎样的时代？这个时代对教育有什么要求？想清楚这些问题，才能做到以人为本，与时俱进。

（2）什么时间思考呢？

做事之前要思考：我要做什么？我该怎么做？我想实现什么目标？然后制订一个具体的切实可行的计划。提前思考，制订计划，能够增加工作的科学性，减少盲目性，摆脱被动应付的工作状态。所以，学生九月一日开学，教师绝对不能九月一日上任，应该提前进入状态。

做事之中要思考：这种方法恰当吗？还有没有更好的方法？计划赶不上变化，在日常工作中，困扰教师的往往不是计划内的事情，而是计划外、没想到的事情。遇到这样的情况，就要认真思考，及时调整，做到看菜吃饭，量体裁衣，时移事易，事易备变。

做事之后要思考：我做得怎么样？成功的经验是什么？失败的教训在哪里？只有学会了反思，做到了“吾日三省吾身”，才能摆脱简单、重复的工作状态，达到“知明而行无过”的境界。

思想复杂了，事情就简单了；思想简单了，事情就复杂了。人最有潜力、最值得开发的领域，是自己的大脑。您一定要养成思考的习惯，让思考贯穿工作的始终。

三、管好自己的情绪——制怒

有人说，聪明人常死于丧失理智之后，愚蠢者多死在找到理智之前。冲动是魔鬼，教师应该学会管理自己的情绪。当学生不配合您的工作时，当学生故意让您生气时，您该怎么办呢？

您首先要提醒自己：“我是人民教师，我的目的是帮助学生成长；成长中的孩子出现一些问题是正常的；教学相长，这是我锻炼成长的好机会，我要冷静地想办法。”

如果这样的自我暗示不能使您怒气平息，您就再提醒自己一句话：“我是成年人，受过高等教育；他是一个孩子，他只是一个孩子。孩子不懂事，我不能不懂事；孩子不理智，我不能不理智。我不能和孩子一般见识。”

如果您还不能平息怒气，而且一筹莫展，无计可施，那就告诉学生：“今天我们都很激动，这种情绪不利于解决问题。我们先上课，明天再谈。”很多时候，矛盾会因为搁置而冷却，因为冷却而得到自然化解。第二天，师生都冷静下来，再心平气和地沟通，问题就容易解决了。

如果第二天学生依然拒不认错怎么办？那您就告诉自己：“山不转水转，水不转人转，学生不变教师变。”教师要学会放下，不要抓住一个问题纠缠不休，否则，有可能把“急症”拖成“慢性病”，使问题复杂化。学生一时想不通没有关系，暂时搁置，再寻良机就可以了。

拿得起是能力，放得下是魄力；拿得起是聪明，放得下是智慧。有时，最好的策略不是知道自己该做什么，而是明白自己不该做什么。

当然，教师在管好自己情绪的同时，还要管好自己的嘴，管好自己的手，不要因一时冲动而给自己和学生带来伤害。

教师一定要学会管理自己的情绪，尽量不要和学生生气，更不要和学生置气，千万不要和学生斗气，绝对不要拿学生撒气，永远不要对学生泄气。因为，我们批评学生的目的不是让学生认错，而是让学生改错；不是把学生制服，而是让学生成长。

四、认准一个定律 —— 勤奋

勤能补拙，这是成功的铁律。一勤生百巧，教育工作没有什么神秘的，只要勤奋就能够做得不错。教师要想成功，就要做到“五勤”，即腿勤、眼勤、嘴勤、手勤、脑勤。

什么是“腿勤”？腿勤就是多进班。走进学生才能了解学生，了解学生才能有效地管理学生。“遥控”学生是每一个教师都渴望实现的理想状态，但“遥控”需要具备很多条件，比如，教师要有足够的魅力和威力，班干部要有足够的领导力和责任感，学生要有足够的自我管理能力和学习能力，等等。对一个年轻教师来说，这些条件暂时还不具备，那就要腿勤一点儿，脚踏实地多进班，在该出现的时候出现在该出现的地方。

什么是“眼勤”？眼勤就是多观察。教师要养成观察的习惯，当您走进班级的时候，第一要关注学生的出勤情况，看有无缺勤的学生；第二要关注学生的精神状态，看有无言行举止异常的学生；第三要关注班级的环境设施，看有无物品损坏残缺的情况。

什么是“嘴勤”？嘴勤就是多提醒。教育不能等，教师发现了问题，就要在第一时间核实、指正。上课铃响了，还有学生没有进班，教师要及时询问，查明原因；发现学生情绪不对，要及时发问，适当关注；发现环境设施有问题，要了解情况，及时处理。

什么是“手勤”？手勤就是亲自去做。有一年，我班负责清扫操场旁边的两个厕所。新生入学第一天，我带领学生来到厕所外边。因为一个假期没有人清扫，厕所散发出难闻的气味，学生们手捂着鼻子，谁都不进去。怎么办？我一句话都没说，拿起笤帚走进女厕所，开始扫地。过了一会儿，学生陆续走了进来，崭新的运动鞋踏进来了，手从鼻子上拿开了，有人接过了我手中的笤帚，大家有说有笑地干了起来，我非常高兴。对这群“油瓶子倒了都不扶”的独生子女来说，要求、号召都是苍白无力的，只有行动才是最有效的。

示范是最好的教育，行动是最好的教师。教师既要做指挥员，更要做战斗员。教师给学生的口号不应该是“给我上”，而应该是“跟我来”。

什么是“脑勤”？脑勤就是多思考，前面已有论述，此处不再赘述。

五、端正一个态度——虚心

对教师而言，知识固然重要，但比知识更重要的是智慧，比智慧更重要的是经验，而经验来自经历。年轻人没有经历、没有经验，怎么办呢？那就虚心学习，把别人的经验化为自身茁壮成长的营养。向谁学呢？向书本学，向专家学，更要向身边的老教师学。

家有一老，如有一宝。老教师就是学校的宝贝，也是您生命中的贵人。也许他们其貌不扬、学历不高；也许他们知识陈旧、方法老套，但他们有实战经验。所以，当您遇到困难的时候，要主动向他们请教。

他山之石，可以攻玉，三人行必有我师。对初登讲台的您来说，除了远大的抱负和辛勤的汗水，还需要经验和智慧。老教师就是有经验和智慧的人啊！熟悉的地方也有风景，老教师就是您身边最美的风景！当然，对老教师提供的方法，您要采取拿来主义的态度，认真思考，合理取舍，不要简单地克隆复制，照搬照转，否则就会搬起石头砸自己的脚。

六、选准一个视角 —— 欣赏

教师既要及时发现学生的问题，给予批评、指正；更要善于发现学生的优点，给予表扬、鼓励，借此推动班风建设。您千万不要“小炉匠戴眼镜 —— 找碴儿”，每天用怀疑的眼神“搜索”学生的问题，那样的结果是满眼全是问题，人人都有缺点；您也不要总是哪壶不开提哪壶，那样的结果是您不快乐，学生也不快乐。

世界上并不缺少美，缺少的是发现。教师要带着“发现”的眼光走近学生，寻找他们的优点，发现他们的进步。有一年新生入学报到，一名学生来得很早，主动帮助我打扫教室。在第一个班会上，我热情洋溢地表扬了他。我告诉大家：“他是我认识的第一位同学，他自觉为班级服务、为同学服务的精神和做法值得我们学习。让我们用掌声表达对他的感激，用感恩的心记住他的名字。”掌声响起来，学生们的脸上都流露出羡慕之情。从那以后，不管是双休日、黄金周，还是寒暑假的返校开学，学生们都争先恐后地早来，主动为班级做事。

我还告诉学生：“刚刚开学，我不认识你们，你们也不认识我。你们每个人手里都有一张空白的名片，想让我尽早认识你吗？赶紧行动起来，用行动填写这张名片，证明你是最值得我认识的人。”学生们都行动起来了，他们在寻找一切被老师认识、为班级出力的好机会。孔雀要把最美丽的尾羽展示给人看，在教师面前，学生就是那美丽的孔雀！

风吹旗动。教师的表扬就像鼓风机，学生就像那满园花草，风往哪边吹，花草就向哪边倒。所以，您要学会发现，善用表扬，让班级的航船在顺风中起锚。

有智慧的教师不是努力寻找学生的不足，而是努力发现学生的优点，开发学生的潜能。愿您做一个有智慧的教师，去发现学生，成就学生，让学生把他们的才华展现出来！

七、坚守一个支点——真诚

千教万教，教人求真；千学万学，学做真人。教育的支点应该是“真”，而世界上最难做到的就是“真”。教师应该是一个真实而又真诚的人，只有认认真真做事，实实在在做人，将心比心，以心换心，才能赢得学生的尊重，取得教育的成功。

有一位年轻教师，第一天登上讲台点名的时候，发现有一个学生的名字很生僻，自己根本不认识。他非常尴尬，红着脸问学生这个字怎么读。他懊恼极了，怪自己事前没有做好准备，觉得学生们一定会看不起他。但是事情的结局恰恰相反，那个学生非但没有看不起他，还对他充满了感激。学生给出的理由是：“从小学到初中，所有新老师的名单上都没有我的名字。每次点完名后，老师都会问一句：‘哪个同学的名字没有点到？请举手。’我都是通过举手被补充进来的，只有在您的名单上我是存在的。”请记住这个故事，记住圣人的教导，“知之为知之，不知为不知”，用真诚开启我们的教育之旅。

金无足赤，人无完人。您刚刚走上讲台，经验不足，顾此失彼，在所难免，请记住古人的话“知错能改，善莫大焉”，千万不要为了满足自己的虚荣心，用一个错误掩盖另一个错误。如果死不认错，那就多了一个错误！

八、把握一个原则 —— 公正

面对学生，教师最应该坚持的原则是“公正”，要努力做到对优等生不溺爱，对“后进生”不歧视。尤其在安排座位、选拔干部、分配任务、上课提问、批评教育等环节上，要尽量做到一视同仁、一碗水端平。

以安排座位为例，小座位是个大问题，学生关注、家长关注，教师当然也很关注。怎么办呢？可以让学生讨论一下，民主决定安排座位的方法，决定之后严格执行，这样一来，安排座位就成为一件简单、轻松的事情。

选拔班干部也是如此，教师要出于公心，唯才是用，让能干的学生担任班干部，这既是对班级负责，也是对同学最大的尊重。

处理学生矛盾更是如此，教师要实事求是，秉公处理，不能偏袒一方，苛责另一方；更不要戴着有色眼镜不做调查研究，主观臆断妄下结论，那样不仅不利于问题的解决，还可能造成师生矛盾。

其实，学生不怕批评，怕的是不公正的批评。只要您能公平、公正地对待每一个学生，公平、公正地处理学生事务，学生就会支持您，尊重您。

年轻的朋友：生活是风，快乐是雨，工作是云，快乐工作就是“风中有朵雨做的云”。教育是人与人的沟通，是心与心的交流，只要用心去感悟，您一定能够做好，一定会找到“风中那朵雨做的云”，品尝到教育的快乐和幸福！

抓住五个字，破解作业难

学生总是不完成作业怎么办？这是一个老生常谈的话题，也是一个老大难的问题。要破解这个难题，必须要抓住收、留、催、阅、讲这五个环节，可谓抓住五个字，破解作业难。

一、抓开始，养习惯，收了作业及时看

要解决学生不完成作业的难题，首先要找到学生不完成作业的原因。学生为什么不完成作业呢？既有学生的问题，也有教师的问题。

让我们回想一下，学生是从什么时候开始不完成作业的。刚入学吗？当然不是，刚刚入学的新生大部分都能完成作业，而且做得非常认真。为什么？因为他们想给教师留下好印象，不想输在起跑线上。如果教师能充分利用学生这种心理，抓好开始，就能够帮助学生养成按时完成作业的良好习惯，学生按时交作业就不成问题。

但是，有些教师没有抓住这个机会，开学伊始，对作业不够重视，收作业不及时，看作业不认真。留了不收，收了不看，看了不发，发了不讲，做得好没有表扬，做得不好没有批评。给学生的印象是做和不做一个样，交和不交一个样；做好做坏一个样，做多做少一个样。既然都一样，就有学生要耍滑、偷懒不交作业了。这种个别现象如果得不到应有的批评，就会一而二,二而三，在班级传播扩散，由“偶尔”变成“经常”，由“一个”变成“一片”，由个别现象变成普遍现象。

所以，要解决学生不完成作业的问题，教师就应该从新生入学第一节课抓起。不管是班主任还是任课教师，都要在第一节课讲明作业要求，并认真对待每一次作业，做到准时收，及时发，好的表扬，不好的提醒，不交作业

的一定要查实原因，认真处理。教师心中有数，学生才能按部就班；教师养成及时看作业的习惯，学生才能养成按时交作业的习惯。

二、精心选，分层练，保质保量是关键

学生不完成作业的原因很多，让我们看下面两段师生对话。

教师甲："为什么没完成作业？"

学生甲："不会。"

教师甲："相同的教师，相同的作业，为什么别人会做你不会？"

…………

教师乙："为什么没完成作业？"

学生乙："作业太多了，昨天写到很晚也没写不完。"

教师乙："相同的教师，相同的作业，相同的时间，为什么别人能写完你就写不完？"

…………

这两段对话应该算得上校园里的经典对白了。很多教师对学生的回答不以为然，认为学生在撒谎、狡辩、找借口，所以，对话的结果往往是教师义正词严，学生哑口无言。

学生真的是在"撒谎、狡辩、找借口"吗？俗话说"要想公道，打个颠倒"。平心而论，学生的课业负担的确很重。一个学生面对几个老师，每科老师留大约半个小时的作业，加起来就是两三个甚至三四个小时。而学生的业余时间又有多少呢？尤其到期末的时候，各科试卷像雪片一样飞来，学生如何招架得住呢？再者，学生是有差异的，学习水平是不一样的，同样的作业，不同的学生感受不同。教师留作业时，要考虑到学生的个体差异，做到看菜吃饭，量体裁衣，针对学生的具体情况适时适量地布置作业。但在现实生活中，很多教师忽视了学生的差异性，一套试卷大家做，结果是优等生吃不饱，"后进生"吃不了，作业效果当然大打折扣。

我们总说要因材施教，分层次教学。作业是教育的重要环节，如果不能因人而异分层次地留作业，那么因材施教就是一句空话！

还记得初为人师之时，教学设备比较落后，学校只有一台手推式油印机，印卷子很费事。也许就是因为不容易吧，那时候教师给学生留作业、印卷子特别认真，每一道题都精挑细选，反复琢磨。后来，设备先进了，有了复印机、速印机，很多教师进入了“剪刀加糨糊”的时代，不再“出题”，而在“拼题”，说得好听一点儿叫“组题”。现在，教辅资料满天飞，网上的习题更是铺天盖地，给学生留作业变得很简单，“做《×× 训练》一至八页”，“把 ×× 试卷做完”。至于作业的内容、难易程度、数量是否符合学生的实际，我们没有细看，当然更没有精选！

作为教师，我反对这种广种薄收、高耗低效、只讲数量不讲质量的题海战术，我认为这是在用学生的勤来弥补教师的懒。

教师留作业的目的是什么？巩固知识，提升能力，帮助学生完成由知识向能力的迁移。怎样才能达到这个目的呢？精选、精练、精讲。所以，讲课是一门学问，留作业、讲评作业也是一门学问。布置作业是教师有责任心的表现，用心布置作业、用心讲评作业更是教师有责任心的表现。

三、说清楚，讲明白，不给遗忘留空间

教师丙：“为什么没完成作业？”

学生丙：“忘了。”

这也是校园里师生间的经典对白之一。但是，一般情况下，教师不接受这个理由，认为“忘了”是借口，甚至是撒谎；学生又无法证明自己真是“忘了”。所以，这个对白的结果往往是师怒生怨，矛盾升级！

其实，忘记是很正常的，尤其是小学生、初中生，很容易忘记教师留的作业；即使是高中生，学习紧张，课业繁多，顾此失彼，偶尔忘记某一科作业也很正常。教师要设身处地地为学生着想，如果学生真是“忘了”，批评教育当然可以，但要适可而止，以免节外生枝。

与其事后批评，不如事前预防。要解决学生“忘作业”的问题，教师先要研究“如何留作业”的问题。

很多教师把课堂安排得满满当当，总是在下课铃响之后，才匆匆忙忙地

给学生留作业。这个时候，学生的注意力已经分散了，根本没有听到教师留了什么作业，不完成作业也就“顺理成章”了。有的教师以为学生听清楚就可以了，但中小学生的理解力和记忆力都还不够完善，尤其是小学生，“听明白”不等于“记得住”，更不等于“做得到”。

教师要根据学生的年龄特点，选取恰当的留作业方式，让学生听得清，记得牢，做得到。有的教师把作业写在黑板上，学生抬头就能看见，当然忘不了。好记性不如赖笔头，有的教师要求学生准备作业记录本，把家庭作业记到本子上。还有的教师利用现代化的通讯工具，把作业要求通过短信、微信发给家长，请家长协助督促，这对低年级的小学生很有效。寒、暑假放假之前，有的学校把各科作业及其要求，统一印成“作业清单”发给学生，以避免学生因为周期长、项目多而遗忘或遗漏！这些做法都很有效。

四、特殊生，多关照，未雨绸缪最有效

对个别习惯不好、总是不完成作业的学生，教师应该怎么办呢？有一次，我和一个朋友聊天，朋友说到了一个特别的学生。

“他很聪明，但经常不完成作业，每次都说‘忘了’。”

“提醒他呀！”

“课堂作业还可以，家庭作业就没办法了。”

“让家长帮助提醒。”

“他是一个留守儿童，和爷爷、奶奶生活在一起，家长在外地打工。爷爷、奶奶年纪大了，只能照顾孩子生活。”

“批评有用吗？”

“有用，但只能管几天。他周一到周五能完成作业，一到周六、周日就玩疯了，周一肯定完不成作业。”

我对朋友说：“对这个家庭教育缺位的孩子来说，一次批评管一周，已经很不错了。您生气、着急、批评他的目的不就是为了让他按时完成作业吗？既然知道批评的有效期只有一周，既然注定每周都要和他谈一次话，干吗非等到周一‘人赃俱获’时放马后炮呢？为何不改变一下，把亡羊补牢变

成未雨绸缪？不要等到周一抓住他没写作业的事实进行批评，而要在周五放学前提醒他：‘这一周表现不错，每天都能按时完成作业，希望你坚持下去。明天就是周末，这是考验你的时候，回家立刻写作业，写完作业再玩，周一我要单独检查你的作业……’”当然，周一的检查必不可少。如果他完成了，表扬也必不可少。他会完成作业吗？当然会，因为这种及时提醒是有效的。

事后批评和事前提醒哪个更好呢？我认为这种表扬加提醒的方式效果更好！

五、想办法，避锋芒，敲山震虎求实效

如果班级已经形成了不交作业的不良风气，那该怎么办呢？法不责众，对集体性的问题，不要操之过急，而要想办法，避锋芒，求实效。

教师可以设立一个“作业周”或者“作业月”，告诉学生们本周、本月的工作重点就是“解决不交作业问题”；可以通过主题班会造声势，让学生讨论作业的相关问题，认识写作业、交作业的意义，制定相应的处理措施，以引起学生的重视，起到敲山震虎的作用。

班主任要提醒班干部负起责任，及时汇报作业上交的情况；要主动和任课教师沟通，了解学生完成作业的情况。这样，班主任、班干部、任课教师携手联动，就能把制度、措施落到实处，刹住不交作业的不良风气。

有一次，一个任课教师告诉我，最近有很多学生不交作业。了解情况之后，我对学生们说：“为什么不交作业？我想到了三种可能。第一种可能是作业真的很多，实在完不成。果真如此，学习委员下课找我，我们一起去和老师们协调解决。第二种可能是作业比较难，大家不会做，所以没完成。如果是这样，课代表下课找我，我们去和任课教师协商，把作业的难度降下来。第三种可能是你们懒惰了，放松了。如果是这样，谁都不要找我了，我做你们的课代表，明天我来收作业。”第二天，我真的来收作业了，作业交得不错；第三天、第四天，一周之后，不交作业的现象没有了！

六、明鼓励，暗批评，完成作业很光荣

一个人做一件好事不难，难的是一辈子做好事不做坏事。同理，让学生高质量地完成一次作业不难，难的是每天都要高质量地完成作业。那教师该如何让学生长期保持对作业的热情，保质保量地完成作业呢？批阅和讲评是关键。

有的教师认为，批阅作业很简单，看看对错，找出问题就可以了，事实也的确如此。不过，需要说明的一点是，教师批改作业的态度直接影响着学生做作业的态度。教师及时阅，学生才能准时交；教师用心批，学生才能认真做；教师全批全改，学生才能保质保量地完成作业。

有的教师不重视作业讲评，认为学生做对了就行了，讲评没有必要。这种不重视讲评的做法，会使学生丧失对作业的兴趣和热情。

当然，也有的教师非常重视作业讲评这一环节，不仅讲解知识，还对作业完成情况进行讲评，甚至展览某些学生的作业，这就引出一个问题——展览谁的作业。

有的教师，拿最差的作业在全班展览。教师的出发点是好的，要批评作业主人并借此教育大家，但结果如何呢？优秀生不屑一顾——“这么差的作业有什么好看的”，中等生窃窃自喜——“原来他比我还差”，当然，最受伤的是作业的主人——“老师太不给面子了，还不如不交了，以后我再也不交了……”这种批评式的讲评，打击了一个人，“得意”了多数人，无益、无效，不可取。

身为教师，我们不要哪壶不开提哪壶，完全可以展览优秀生的作业。“看这作业，字迹清楚，书写工整，批改这样的作业就是一种享受……”几句看似简单的表扬，作用如何呢？作业的主人备受鼓舞自不待言，中等生会暗下决心奋起直追，“后进生”也会生出几分惭愧和不甘。这种表扬式的讲评，能够激发学生的竞争意识，使优秀者不断涌现，形成“轮动表扬”的局面，使学生的学习热情得以长期保持，很不错。

精彩在课上，功夫在课下。写作业是学习的重要环节，是归纳总结、温

故知新、迁移升华的环节；没有这个环节，所有课上的精彩都将成为学生的过眼云烟。而要想让学生积极主动、保质保量地完成作业，教师不仅要在“怎么收”“怎么催”上下功夫，更要在“怎么留”“怎么看”“怎么讲”上下功夫。

拍案拂袖，不如携手同行

一般来说，学生偶尔违反纪律，教师是能够包容理解的。金无足赤，人无完人嘛，人哪有不犯错的，更何况是成长中的孩子呢？但是，让人不能理解、不能容忍的，是明知不对还要做，甚至屡教不改，一错再错。对这些故意违纪的学生，教师该怎么办呢？我认为，拍案拂袖，不如携手同行。

从表面看来，学生违纪有很多种情况，其实，认真归纳起来不外乎三种。第一种，不知道不该做而做了，这属于无心之过，多数学生违纪属于此类；第二种，知道是错的，自己也不想做，却改不了，这属于无奈之过，这种错误也不少见；第三种，知道是错的，也能够自控，为了达到某种目的故意去做，这属于有意之过。在日常教学中，这种明知故犯的学生少之又少，可是很多教师的情绪却被"明知故犯"的个别学生所掌控，以至于一叶障目，不见泰山；两豆塞耳，不闻雷霆，每天盯着个别违纪学生，甚至因此而殃及池鱼迁怒于整体，觉得所有学生都不可爱了，就连教育工作都不美好了。怎么办呢？

我个人认为，遇到故意违纪的学生，教师要沉着应对，冷静思考，摆脱一叶障目的思维方式，不要把个别问题普遍化、简单问题复杂化，更不要把违纪学生妖魔化；而要具体问题具体分析，合理归因，区别对待，讲究方法，注重实效。

一、看似故意，实则有因

小亮已经第 N 次没完成作业了，教师找他谈话、批评他都不管用。

小梦又撒谎了，试卷没让家长签字，撒谎说家长出差了。

不戴胸卡、不穿校服、上学迟到、上课睡觉，一周之中，阿志已经违纪四次了。

面对这些屡屡犯错的孩子，教师、家长都很烦恼，很容易得出“故意捣乱”“不服管教”之类的结论。对此类问题，我建议教师和家长不要急着下结论，而要走近学生，了解原因，然后再做判断。

原因是什么呢？小亮不完成作业，是因为不会；小梦撒谎，是因为她爸爸脾气暴躁，看到试卷，是否签字说不好，一顿胖揍是不可避免的；阿志连续犯错，是因为奶奶病了，爸爸、妈妈回老家伺候奶奶了，他第一次一个人在家，胸卡丢了，校服脏了，闹钟不响了，作息没有规律了。如果了解了这些情况，您还会觉得学生是故意违纪吗？您还会生气、抱怨、无计可施吗？当然不会了。

怎么办呢？多给小亮一些指导，督促、协助他完成作业；叫小梦的爸爸来谈一谈，建议他改变简单、粗暴的教育方式；多给阿志一些提醒和关爱，让他学会照顾自己，在锻炼中成长。

二、看似故意，实则无意

现在，很多公共场所安装了声控灯，一拍手或一跺脚，甚至咳嗽一声灯就亮了，我们已经习惯了这种“声响灯亮”的生活模式。一天晚上，到一个老旧小区去看望朋友，楼道里漆黑一片，我习惯性地跺了跺脚，又拍了拍手，楼道里还是漆黑一片。怎么回事？灯坏了吗？这时朋友出来了，按了一下墙上的开关，灯亮了。我恍然大悟，原来这里的灯不是声控的。我不禁失笑：习惯的力量好强大！

前几年，学校的厕所全部安装了自动冲水装置，不冲厕所的问题得到彻底解决，闻味寻厕的时代成为过去。刚开始还不太习惯，总是习惯性地去找冲水按钮。慢慢地，习惯了不冲厕所的便利，新的问题又出现了，偶尔走进需要人工冲水的厕所，居然有几次险些忘记冲厕所。为什么？是能力变差了吗？是素质降低了吗？是修养不够了吗？都不是，是已经习惯了不冲厕所。我们不禁慨叹：习惯的力量好可怕！

读到这里，您大概猜到我要说什么了吧。那就让我们言归正传，来分析一下学生故意违纪这件事吧。

小明是一名高一新生，成绩不错，性格开朗，是个快乐、阳光的大男孩，也是个令老师头疼的学生。

宿舍规定学生的柜子必须上锁，否则扣宿舍评估分，并通报批评。小明做不到，开学两周忘了四次。

第一次，他主动找老师承认错误，态度很好："老师，我忘了，下次一定注意。"老师相信他。

第二次，他态度仍然很好："老师，我真忘了。您放心吧，绝对不会再有下一次。"老师依然相信他。

第三次，老师先说话了："为什么不把学校的纪律放在心上？再一再二不能再三再四，你是故意的吗？"他态度真诚地说："老师，我真不是故意的，的的确确是忘了，您再原谅我一次……"

第四次，他给老师的解释依然是"我忘了"。老师的回答是："为什么别的事儿你忘不了？为什么别人不忘？……"面对老师连珠炮似的提问，他一言不发，低着头，摆出一副"爱咋咋地"的架势，于是老师愤怒了："屡教不改，故意捣乱，把你家长叫来，不要住宿了……"此时，小明也愤怒了："我的柜子里没有值钱的东西，我不怕丢，丢了也不会找您赔……"

一个刚入学的新生会故意违纪吗？我认为不会。因为刚来到新学校，进入新班级，学生们都想好好表现，想给老师、同学留下好印象，不可能故意捣乱，自毁形象。如果不是故意捣乱，为什么连锁柜子这么简单的事情都做不好呢？

原因是这样的。小明生活在一个温暖、和睦的大家庭里，是家里的独苗，也可以说是一个小小的"富二代"。爷爷、奶奶、爸爸、妈妈四个大人围着他转，他一直过着衣来伸手、饭来张口的日子，除了学习之外，什么事情都不用操心。家里的柜子从来不上锁，他也想不明白柜子为什么要上锁。说到这里，您还觉得小明不锁柜子是故意的吗？当然不是。他只是没有锁柜子的意识罢了。

其实，诸如此类的事情不胜枚举。

上课铃响了，刚上小学一年级的"小不点儿"要去厕所。老师问他课间为什么不去，他萌萌地回答：“不想去。”他是在顶嘴吗？不是，他脑子里根本就没有纪律这根弦，没有清晰的时间概念，也没有上课、下课的界限，甚至有的一年级小学生还不知道上学是怎么回事。

老师在讲课，“没事忙”不断地摇头晃脑，把自动笔按得嘎嘎响。老师瞪了他一眼，他一脸委屈：“为什么瞪我？我一直在认真听课，什么都没干。”他是故意捣乱吗？不是，这些动作已经成了下意识动作，他自己根本觉察不到。

在自习课上，“话痨”不断地找同桌说话，老师批评了他，他一脸无辜：“我没说话。我一句也没有说。”他是狡辩吗？不是。这是“顶级话痨”的极致表现，当说话成为习惯之后，他根本意识不到自己在说话。

对待这种无意之过，我们该怎么办呢？

明确纪律，关注集体。此类事情多发生在新生身上。新来的人不摸门，对新学校、新班级的规章制度不了解，会按照自己固有的习惯做事，而有些习惯不符合新的班规、班纪的要求。所以，教师要在开学之初，明确纪律要求，做到广而告之，让学生知道自己什么时候该做什么事情，不该做什么事情。这对多数学生是有效的，能起到“广谱杀菌”的作用。

需要强调的是，班规、班纪不是越严越好，也不是越多越好，而是科学、合理、符合学生实际才好，否则教师就是在自寻烦恼。现在，很多学校实行精细化管理，学校有校规、校纪，班级有班规、班纪，这个做法非常好。但值得注意的是，这种叠床架屋、层层加码式的班规、班纪，往往过细、过严、过于苛刻。有一次，我去一所小学参观，看到一个班级的班规多达 60 条。仔细阅读之后，我生出几分担心。这 60 条规定，我有将近一半做不到，一个小学生能做到吗？如果做不到，那不就违纪了吗？如果经常有学生“违纪”，老师对班级的整体评价会如何呢？会不会给班级贴上“差班”的标签呢？如果有学生经常“违纪”，老师对这个学生的态度又会如何呢？会不会给他贴上“故意捣乱”的“差生”标签呢？

耐心等待，关注个体。学生来自不同的家庭，性格禀赋、兴趣能力、理解力、执行力、自我约束力都不一样，齐步走可以，走整齐不可能。对那些“走得慢”的孩子，教师要多一点儿耐心，多一点儿宽容，多一点儿帮助，所以，教育需要关注整体状况，但绝对不能忽视个体差异。

小明不锁柜子，安排宿舍长提醒一下就可以了，“一帮一，一对红”嘛！

“小不点儿”非等上课再去厕所，下课的时候，老师提醒一句“先去厕所，回来再玩”，“小不点儿”一定会变乖。

“没事忙”上课坐不住，把他安排在老师能够掌控的地方，随时提醒、及时纠错就可以了。

“话痨”在自习课上说个不停，给他安排一个自制力强、不爱说话的“绝缘体”同桌就可以了。

打个比方，一个班级就像一支行进的队伍，一开始有人踏不上点儿、赶不上步很正常。如果因此就让他停下来，那他永远也走不好。最好的办法就是让他在走路中学会走路，在改错中走向完美。

三、看似故意，实则无奈

“一个女孩子都上高中了，每天啃手指头，像什么样子？”晓红的爸爸咬牙切齿地说。

“关键时候掉链子，一考试就上厕所，为什么不提前做好准备呢？”老师真诚地问小林。

“上课走神儿，写作业走神儿，整天跟丢了魂儿似的，你就不能专心一点儿吗？”阿西妈妈无奈地抱怨。

这样的抱怨我听过，类似的抱怨我也发过。但是抱怨不解决问题，学生依然故我。他们是故意和家长、老师作对吗？不是。让我们听听学生怎么说。

晓红说：“我知道啃手指很丢人，可我就是控制不住自己。”

小林说：“考试的时候，我也不想去厕所，可实在坚持不住。每次考试之前我连饭都不敢吃了。”

阿西说：“我不想走神儿，我恨死自己了，都想杀了自己。”

这真应了一句俗话“骑驴的不知赶脚的苦”。原来苦恼的不仅是家长和老师，还有孩子。对这类老大难问题，该怎么办呢？

我和晓红的家长做了一个约定：停止抱怨，合理关注，发现晓红啃手指就拍她一下。我把晓红安排坐在第一桌，并和晓红做了一个约定：发现她啃手指就叫她回答问题或者轻拍一下课桌；定期检查她的手指，看有无新的伤痕。一天、两天，一周、两周，一个月、两个月，一个学期之后，晓红克服了啃手指的毛病。

我和小林聊天，知道了他一考试就上厕所的来龙去脉。

初中时，小林很优秀，也很听话。一次考试之前，老师对学生们说："中考时不许去厕所，这次模拟要从实战出发，考前要做好准备，尽量少喝水，以免考试时上厕所。"考试那天早上，他只喝了一袋牛奶，没喝水。考前不想去厕所，考试的时候突然内急，他一直忍到考试结束。模拟考试没考好，他很懊恼——如果早上不喝那袋牛奶就好了。

又一次考试来到了，为了避免考试时去厕所，他干脆没吃早饭。走进考场时，他高兴地对自己说："这回我肯定不会去厕所了。"可是，开考刚半个小时，他就开始内急。这次当然也没考好，原因不言自明。怎么办呢？中考的时候，他前一天晚上没吃饭也没喝水，考试时居然还是很想上厕所。

中考的失败带给他沉重的打击。从那以后，每次考试的前一天，他都不吃不喝，可一进考场还是想上厕所。"去""不去""忍住""忍不住"这些词语占据他的大脑，他根本不能静下心来答题。

怎么办呢？我告诉他："每场考试多长时间是有科学依据的，一般人都能遵守，为什么你坚持不了呢？因为你考试之前不吃不喝，生物钟被打乱了，本来每天早上六点去厕所，因为没吃没喝，生物钟被打乱，改成上午九点去厕所了。再有，你不断地给自己心理暗示，'不要去厕所，不要去厕所'，这种暗示有时就是强化，相当于提醒自己'我要去厕所，我要去厕所'。吃喝拉撒，人之本能，活人还能让尿憋死？考试可以去厕所，高考也很人性化，确有必要是可以去厕所的。明天考试，你该吃吃该喝喝，想去就去。"

结果如何呢？没有河堤的拦截就没有溃堤的危险，没有纪律的约束就没有违纪的可能，没有"不许去厕所"的要求就没有了千万"不要去厕所"的纠结。当去厕所不再是问题的时候，问题就自然解决了。那次考试，他没有内急，当然也没有去厕所。从那以后，他一考试就上厕所的问题再没出现过。

怎么解决阿西的问题呢？我没有批评他，而是对他提了一个要求：如果发现自己走神儿，就用手腕上的皮筋弹自己一下，用疼痛阻断闲思。我告诉阿西的同桌，发现阿西走神儿就拍他一下。另外，我规定阿西每天必须保质保量地完成作业，早上把各科作业都交给我检查，我要用大强度、高密度的学习占满他所有的时间，让他无暇走神儿。一天过去了，一周过去了，一个月过去了，从国庆节到第二年的五一劳动节，我坚持了八个月，他终于可以专心听课不走神儿了。专注即效率，他的学习成绩也提高了。

合理归因是解决问题的前提。晓红、小林和阿西“屡教不改”不是态度问题，而是习惯问题。所以，要从改变坏习惯、培养好习惯入手。当然，培养一个好习惯难，改掉一个坏习惯更难，用好习惯替代坏习惯难上加难，大家要做好打持久战的准备！

四、故意违纪，另有企图

厘清前面几种情况之后，再看故意违纪的学生，他们为什么跟老师对着干呢？

菲菲是一名初一女生，最近经常迟到，态度很不好。老师发出最后通牒：再迟到就叫家长。没想到，第二天她又迟到了。老师要叫家长，她爽快地答应了，把爸爸、妈妈的电话号码都给了老师：“您叫吧，有本事把他俩都叫来。”

为什么会这样呢？因为她爸爸、妈妈正在冷战，吵着离婚。她不想爸爸、妈妈离婚，所以，她故意迟到，逼迫老师叫家长，希望借此转移家长的注意力，甚至希望爸爸、妈妈能够携起手来对付她。其实，在现实生活中，有的孩子就是用这种毁灭自己的方式来拯救父母婚姻的。

初二开学排座位，小菜坐到了最后一排。本来不爱说话的他变得很爱说话。如果老师不制止，他就说个不停，直到老师点名道姓地批评他，他才安静下来。

为什么会这样呢？因为小菜一直坐在前排，很受老师关注。突然坐到后排，老师对他的关注少了，他的存在感降低了。他不停地说话就是在求关注、刷存在感。怎么解决这个问题呢？要适度满足他的存在感，上课时多叫他回答问题，课前主动和他说句话，闲暇时和他聊聊天，让他知道“老师心中有我”，这就够了！

小梅是我的学生，属于乖乖女类型。该她出板报了，却迟迟不动。询问原因，她冷着脸一言不发，无奈之下，我找其他同学了解情况。同学说：“上次出板报，小梅出力最多。您表扬了很多人，唯独没表扬她。她说您偏心。”

解铃还须系铃人。既然问题因我而起，那我来解决好了。第二天，我对小梅说：“对不起！我不知道上次出板报你是主力，没有表扬你。这次好好办，我一定表扬你。”一句话驱散了满天乌云，当天中午，她就带着几个女生忙了起来。

小梅用行动提醒了我：学生为什么故意跟老师对着干呢？我们不仅要从学生身上找原因，还要自查自省，看看自己做得好不好。

老师们，教育的目的不是摧毁而是塑造；教育的成功不是打败了谁，而是成就了谁；教育的过程不是和个别学生博弈，而是与全体学生结盟。面对故意违纪的学生，我们少动气，莫置气，不斗气，别泄气，不必拍案而起，也不要拂袖而去，而要伸出热情之手，携他一路同行。

“五要”化冲突，防患见真功

在未成年人高度集中的中小学校园，学生之间出现磕磕碰碰，发生一些矛盾冲突在所难免。教师如何巧妙地化解矛盾，有效地解决冲突呢？应该做到以下“五要”。

一、思想要重视

教育无小事，学生无大事。教师要高度重视学生之间的矛盾冲突，试着从学生的视角去看待学生的问题，以学生的思维去思考学生的问题，要在意着学生的在意。

有一次，预备铃响了，学生们走进教室。一个学生不小心碰倒了同桌的水杯，水杯本来在地上放着，盖着盖子，水没有洒出来，杯子也没有摔坏，可杯子的主人坚持要这个同学把杯子扶起来。这个同学说：“马上上课了，你自己扶吧。”两个人谁都不肯让步，最后吵了起来。

这简直是小题大做。我说：“同班同学又是同桌，碰倒个杯子有什么大不了？为何这么斤斤计较，我帮你扶起来。”杯子的主人态度坚决地说：“老师，您不要扶，必须他给我扶。扶杯子是一件小事，但这件事关系到我的尊严。”我明白了，他把“扶杯子”和“维护尊严”合二为一了，为尊严而战似乎很值得。

学生的言行当然是幼稚、不成熟的，但教师要明白，我们的教育对象就是未成年人，他们的特点就是幼稚、偏执、易冲动。很多校园事故的起因，往往就是“一句闲话”“一次碰撞”，甚至是“一个不经意的眼神”，教师如果没有把这些鸡毛蒜皮的小事放在心上，没有认真对待彻底解决，结果小问题会变成大问题，普通事件会变成恶性事故。

成长是一个循序渐进的过程，不可跨越，不可剪辑。人的视野、胸襟、气度和承受力与其成长经历密切相关。有些在成年人看来微不足道的事情，在孩子眼中却无比重大。对学生之间的矛盾冲突，我们不要掉以轻心，而要高度重视。

二、态度要冷静

冲动是魔鬼。学生发生冲突，教师不要冲动，要保持冷静，积极思考，三思而后行。

有一次课间，一个学生不小心碰倒了后面同学的课桌，书掉了一地。他本来想去捡，想说“对不起”，但“受害者”出言不逊。十六七岁、血气方刚的高中生，正处在“士可杀不可辱”的年纪，送到嘴边的“对不起”又咽了回去，脱口而出的是“想找事儿”这句具有挑战性的话，两个人一下子僵在那里。“受害者”出言不逊，“肇事者”不肯低头，周围同学作壁上观，教室里的气氛一下子紧张起来。这本是一件小事，如果批评他们，只能各打五十大板，不利于问题的解决，还会僵化矛盾。

怎么办呢？我快速地走过去，慢慢地弯下腰，做出捡书的姿态。

我为什么快速走过去呢？是为了阻止矛盾升级。为什么慢慢弯腰做出捡书的姿态呢？我要让学生看明白老师在干什么，而且给学生留出思考的时间。学生会想：“老师过来了，老师批评我，我也不怕，我没错。老师弯腰捡书，我捡不捡？我没错，我不捡。老师平日对我不错，看在老师的面子上，捡起来吧……”

就在我伸手拿书的那一刹那，有四只手几乎同时伸了过来，“肇事者”的手、“受害者”的手，还有旁观者的手。书捡起来了，桌子扶起来了，我只说了三句话：“遇事宽容一点点，勇于承担属于你的责任，伸出你热情的手。”三句话说得“受害者”、“肇事者”、旁观者都低下了头。这一弯腰并没有损伤我的尊严，却使学生学会了怎样处理突发事件，我觉得值。而我为什么选择了弯腰呢？因为在弯腰之前我进行了冷静思考。

作为教师，谁都不希望学生惹事。但是，如果事情已经发生了，惊慌失措、暴跳如雷都无济于事，只会把问题搞得更糟糕。此时，最需要的是冷静思考，控制事态的发展，阻止事件的恶化，寻找解决的方法，争取把危害降到最低，甚至化不利为有利，让反面事件发挥正面的教育作用。

三、处理要公正

出了问题就要解决，而且要尽快解决。而要想圆满地解决问题，就必须深入、全面地了解问题。

兼听则明，偏听则暗，没有调查就没有发言权。教师了解情况不能只听一面之词，更不能凭感觉凭印象主观臆断，要摘掉有色眼镜，突破思维定式，放弃偏见、成见，全面了解情况，做到实事求是、客观、公允。

有一次，几个学生发生了矛盾，其中有一个性格暴躁、好惹事的学生。班主任根据“经验”想当然地认为，这次肯定还是他挑起事端，于是没有做深入的调查了解就批评了他。其实，这次冲突他不是参与者，而是阻止者，冲突之所以没有造成严重后果皆因他的劝阻。班主任不分青红皂白的批评让他备感委屈，他当场和班主任顶撞起来。同学矛盾还没有解决，师生矛盾又出现了。

事实弄清楚了，该如何处理呢？教师要做到以下两点。

（1）公正、公平，一视同仁。教师处理学生冲突时要一碗水端平，不管学生的家世背景如何、学习成绩如何，也不论其是不是班干部，都要公平、公正、一视同仁，这是教师赢得学生信任和尊重的前提，也是顺利化解冲突的保障。

有一次，甲、乙两个学生因为打篮球发生争执。甲同学成绩优秀，平时遵规守纪，还是一个班干部；乙同学成绩一般，经常违纪，是班级的麻烦制造者。老师想借此事件严厉惩处乙同学，就以乙屡屡违纪为由，勒令他回家反省；以甲同学第一次违纪为由，要求他写出书面检讨即可。这样的处理结果如何呢？且不说甲能否认识到自己的问题，单就乙同学来说，他不仅不接受批评，不反思错误，还指责老师偏心。至此，问题已经偏离了中心，同学矛盾演化成师生矛盾，简单的问题变得复杂起来。

（2）**以人为本，讲求实效。**公平是必须的，但绝对的公平是不存在的。在处理学生问题上，教师既要遵守公平原则，又要考虑学生的个体差异，做到以人为本，因人而异。只要达到教育目的就可以，方式、方法不是最重要的，不要因为处理不当而节外生枝，造成新的问题。

小A和小B同学平时本没有过多交往，却因为一件小事发生矛盾，按照校规应该给予警告处分，我要求家长来学校一起处理。小A认错态度很好，答应得也很爽快。小B坚决不叫家长。怎么回事呢？原来他父亲前不久因工受伤，一直在北京住院，母亲在医院陪护，家里根本没人。他担心爸爸，想念妈妈，情绪很糟，这次吵架也是情绪不好造成的。

了解了这些情况，我还能逼迫他叫家长吗？当然不能；还能给他处分吗？当然不能。我既没有逼他叫家长，也没有建议给予处分，而是告诉他应该怎么做：管好自己，不要让父母操心；管好情绪，不要因情绪不好迁怒他人；要学会沟通，主动、真诚地向小A道歉。

结果如何呢？小B诚恳道歉，小A虚心认错，两个人都认识到了自己的错误，获得了成长，原本交往不多的两个同学成了好朋友。目的达到了，惩罚自然没有必要了。

四、反馈要及时

即使冲突平息了，问题解决了，教师也要做好跟踪反馈工作，关注这些学生以及他们最亲近的伙伴，以防发生后续问题。

为什么要这样做呢？首先，如果学生没有认识到自己的错误，对学校的处理结果心怀不满，事情将了犹未了，后患无穷；如果某些学生因受到处分而产生自卑情绪，想自暴自弃，这时，教师的关心、鼓励能够让他们放下包袱，轻装前进。其次，学生们每天都在一起，接触的机会多，发生冲突的机会也多，翻旧账的可能性也大，一个玩笑就可能勾起旧怨，旧事重提就可能使冲突再起。再次，中学生特别讲义气，为了“哥们义气”不惜出手打架，很多校园冲突蜕变成恶性事故，其“蜕变”的诱因多数是“哥们义气”。所以，事情处理完之后，教师要主动跟进，多关心这些学生，定期找他们谈心，在合适的场合用适合的方式提醒他们，使其深入认识问题，打开心结，化干戈为玉帛，变对手为朋友。

教师的跟踪反馈很重要！问题处理好，等于画了一个逗号；跟踪反馈做得好，就是画了一个句号！

五、反思要深刻

前事不忘，后事之师。教师不要仅仅满足于妥善地处理问题，还要反思总结，把握规律，找到这些偶然事件背后的必然性。

教育是富有规律性的工作，校园冲突的发生也具有规律性。比如，新生入学之初、大型活动之后、假期来临之时、毕业离校之前，都是冲突事故多发的阶段；单亲家庭的孩子、远离父母的留守少年、刚刚遭遇挫败的学生、早恋中的少男少女，常常成为冲突的制造者或参与者；学校的食堂、宿舍、厕所、操场都是校园事故多发的场所。找到了这些规律，教师就可以提前预防，比如，做好入学教育，开好大型活动的动员会和总结会，做好毕业班级的善后工作，等等。而对那些容易卷入冲突的学生，教师要多关心、勤提醒，加强对宿舍、食堂的管理等。一句话，对反复出现的问题，要从发展规律上找原因。

而对普遍出现的问题就要从政策管理上找原因。孤立地看待学生之间的冲突，每件事情都是偶然的。甲不小心碰掉了乙的眼镜，丙没注意踩脏了丁的鞋子，A 不留神把饭菜撒在了 B 的身上，C 没看见 D，把 D 撞了个跟头……这些现象，看似偶然，实则必然。学校人口密度大，主体人群是活泼好动、心智均不成熟的未成年人，且作息时间高度一致。所以甲碰到乙是偶然，但是人碰到人是必然；A 和 B 发生冲突是偶然，但学生之间发生冲突是必然。

要减少冲突，杜绝事故，除了健全制度、强化管理之外，更重要的是平时多用功，不要等事故发生了、伤害造成了，再来埋怨、批评、放马后炮。亡羊补牢不是教育的理想境界。

教师平时应该做些什么呢？对学生进行养成教育，促进学生养成良好的习惯，帮助学生养成文明礼让、与人为善、反躬自省、三思而后行、严于律己、宽以待人等良好的品质；对学生进行安全教育、法制教育、生命教育；教给学生处理突发事件的方法，告诉学生在面对突如其来的问题时，理智就是智慧，沉着就是修养，礼让就是明智，包容就是境界……教师的常规工作做到位了，突发问题就减少了；必然的事情抓住了，偶然的事件就可以避免了。

养成教育该怎么做呢？深入细致，不温不火；与时俱新，讲求实效。养成教育是一个水滴石穿、绳锯木断的漫长过程，欲速则不达。养成教育的形式应该是丰富多彩的，不应该只是刻板地说教。我们石家庄市第四十二中学在这方面做了有益的尝试，成立了“人文大课堂”，针对学生存在的问题，针对不同年龄段的学生，定期举行专题讲座，从交友、学习到待人接物，从生活修养到理想抱负，步步为营，拾级而上，学生不知不觉地提高了修养，走向了成熟。灯点亮了，黑暗就少了。“人文大课堂”化管理为疏导，做到了潜移默化、润物有声。

演员在舞台上的辉煌、精彩来自台下的苦练，教师面对突发事件时的冷静、果断来自日常生活的砥砺，学生处事的从容、得体来自平时潜移默化的训练，校园的平安、和谐来自日常管理的细致入微。用力在事中，功夫在事外。教师处理突发事件的真功夫体现在防患未然和永绝后患上。

“五要”化冲突，防患见真功。作为教育工作者，我们在对待学生冲突的问题上，要努力做到平时无事当有事，加强常规管理；出事有事当无事，沉着思考，妥善处理；事后反思自省，总结经验教训，让“事故”成为成功的垫脚石。

墙，推倒了就是桥

学生中出现歧视现象怎么办？要解决这个问题，首先要弄清楚：什么是歧视、为什么会出现歧视、歧视现象有什么后果，然后才能对症下药，找到解决问题的方法。

什么是歧视？歧视就是不公正地看待别人。

学生之间为什么会出现歧视呢？因为不同。学生来自不同的家庭，有着不同的成长背景、家庭条件、身体状况、脾气性格、兴趣爱好，再加之单纯、幼稚，思想不够成熟，看人看事容易主观、片面，以自我为标准去评判他人，歧视现象因此产生。

歧视会带来什么后果呢？它会影响班级团结，会对被歧视者造成伤害，也会对歧视者自身的成长产生不良影响。

如何有效预防、杜绝歧视现象呢？墙，推倒了就是桥。教师不仅要努力做到一视同仁，平等对待每一个学生，还要对学生进行积极的引导，教育学生正视自己，欣赏他人，学会与人良性沟通！

一、跨越“个性”的墙

学生的性格不同，有的内向，有的外向；有的热情奔放，有的含蓄深沉。教师不仅要最大限度地认同和接纳各种性格的学生，还要引导学生正确地对待与自己性格不同的同学。

曾经有一个男生，容貌姣好，身材苗条，性格、习惯也有些女性化，总喜欢和女生在一起。班里的一些男生很不喜欢他，嫌他娘娘腔，几个“豪放型”的男生看他不顺眼，多次对他进行挑衅。知道这件事情后，我找到那几个男生谈话：“尊敬别人就是尊敬自己。你充满阳刚之气，但你没有权利轻视别人的阴柔之美；你潇洒、粗犷，但你没有资格责备别人的严谨、细致。每个人都有权利坚守自己多年养成的对别人毫无妨害的性格和习惯。”我告诉所有学生：“‘水至清则无鱼，人至察则无徒。’人应该有广阔的胸怀，有海纳百川的气概。大智慧就是一种大涵养，有涵养的人就是善于包容他人的人。”

当然，对那些性格特别的学生我也要给予必要的引导，使他们认识到自己的不足，完善自我。我找到这个男生，和他讨论什么是美、男子汉的美是什么样的。经过讨论，他逐渐认识到男生应该有阳刚之气，“扭扭捏捏、娇声细语”确实让人感到不舒服。我鼓励他多参加一些男生的活动。慢慢地，他开始“茁壮”起来。

二、修补“残缺”的墙

有一个勤学好问的学生，在课上回答问题很积极，但他有些口吃，说话不连贯，因为着急，就不停地做手势，引得大家哄堂大笑，有的同学嫌他回答问题耽误时间，甚至有同学一看到他回答问题就皱眉头、出怪声。

我在班会上向学生提出如下要求：“要尊重同学，哄笑、嘲讽是不礼貌的行为。每个人都有缺点，只是自己没有意识到而已。上课积极回答问题、勇于提问的做法值得大家学习。”

课下我找到这个学生，告诉他：“你很棒，继续努力；和本节课无关的问题最好下课后再向老师请教，大家都已经理解了的问题也可以放到课下去争论；说话不要着急，想好了再说；说话时尽量不要做手势。”

“老师，我也不想做手势，可我控制不住。”他苦恼地说。

“以后回答问题时，手里拿本书就好了。”

从那以后，他说话不着急了，也不做手势了；回答问题变得有条理了，口吃的毛病也得到了克服。同学们不再嘲笑他了。

三、打造“优势”的墙

有人群就有比较，有比较就有差别。有些人喜欢以己之长比人之短，比较的结果是自视甚高、目中无人。如果对此不加以引导，歧视现象将不可避免。

教师要尽量淡化“优”与“差”的概念，关注学生的优势，忽略学生的弱势。对家境贫寒但学习成绩遥遥领先的“常胜将军”，我给予表扬；对成绩平平但在歌咏比赛中一鸣惊人的“百灵鸟”，我也给予表扬；对相貌平平但在演讲比赛中成绩突出的“演说家”，我同样给予热烈的表扬……

一般情况下，我校的春季运动会和期中考试的时间连在一起，我把这两个大型活动的总结会合并为一个班会，对在运动场上努力拼搏的学生和在期中考试中取得优异成绩的学生一起进行表彰。体育优胜者、学习优胜者并肩而立，同台领奖，自豪之情油然而生。他们明白：“我很重要！”“我能行，仅仅是某个方面还不行。”“我没有骄傲的资本，更没有轻视别人的理由，因为某个方面我还差得很远。”

经过引导，学生能够全面、客观地看待自己和他人。看自己的优点，也看自己的不足；看别人的不足，也看别人的优点。既没有人妄自尊大，以为自己完美无缺；也没有人妄自菲薄，觉得自己一无是处。优秀生、特长生没有傲气，普通生、“后进生”没有怨气，全班同学平等团结、共同进步，大家相互欣赏，班级气氛更加和谐。

四、拆除“城乡差别”的墙

随着经济的发展，农村城镇化进程加快，城乡融合成为一种新趋势，越来越多的农民子弟到城市里读书，而“城乡差别”犹如一道鸿沟，横亘在学生中间，如果不加以引导，城市学生也许会自命不凡，看不起农村学生；农村学生也许会产生自卑心理、自负心理或“崇洋”心理，班级就会出现油水分家的现象，很难形成合力。怎样理顺这种关系呢？

打预防针。有一年，我担任高一年级的班主任。班里 60 名同学，1/3 来自城市，2/3 来自农村。学生们往教室里一坐，泾渭分明。不用介绍，不用招呼，农村孩子坐到一边，城市孩子聚成一群。如果不给予合理、及时地引导，肯定会出现油水分家的现象。所以，在新生入学报到的第一天，我面对全体学生和家长谈了这个问题。

“同学们，有缘千里来相会，无缘对面不相逢。我们从不同的地方走到一起来，这是一件十分幸运而美好的事情，我们要珍惜这即将开始的三年高中生活。

“来自城市的孩子们，你们有优越的家庭条件，有聪明的头脑和广博的见闻，但这一切都不能成为你们骄傲的资本。你没有权利轻视别人、嘲笑别人。因为优越的条件是你父母用辛勤的劳动换来的，你只是一个纯粹的消费者；聪明的头脑只有和优异的成绩、高尚的品质、杰出的才能相结合，才能发挥其价值。请记住：流自己的汗，吃自己的饭，靠天靠地靠老子，都不是好汉。

“来自农村的孩子们，你们很了不起。你们能坐在这里，完全靠自己的努力。你们不用自卑，但要珍惜这来之不易的学习机会，把精力用到学习上。艰难困苦，玉汝于成。生活苦一点儿，不是坏事，它能磨炼意志，激发斗志，这是你人生中最大的一笔财富。但要记住：你战胜了苦难，苦难才能成为财富；苦难战胜了你，苦难就是你的屈辱。”

这一剂预防针使城市的孩子多了几分平和，农村的孩子多了几分自信。

合理引导。城市的孩子多数单纯、开朗，健谈也健忘，很少顾及别人的感受；而农村有的孩子内向、敏感，过分在意别人的感受，别人无意的甚至是善意的玩笑他都会感到“很受伤”。有一次，一名城市学生买了一双运动鞋，让大家猜多少钱，一个农村学生猜30块，这个城市学生脱口而出：“30块钱，买双鞋垫吧！”大家哈哈大笑，这个农村学生无趣地走开了。其实，这本身是一件小事，说者无意，他们习惯于这样调侃；只是听者有心，他内心的自卑和自尊交织在一起，认为这是一种侮辱。这时，就需要教师加以适当的引导，使这些细小的问题得到及时化解，以免积怨成怒，酿成大祸。

我专门给城市学生开会，给他们讲贫困生的故事。我对他们说：“和贫困生相比，你们每个星期的零花钱比人家一个月的生活费还多，可你们还整天叫苦叫累。你们条件比人家好，成绩却比人家差，难道真如古人所说‘从来纨绔少伟男’吗？你们要学习农村来的学生那种勤奋和执着。”这一席话，激起了他们的学习热情，也使这些高傲的城市少年开始正视自己。

有一个家境富裕的孩子，父亲常年住国外，初中时父亲每次回来都给她带一些名牌服装和文具，她都会在同学中炫耀一番。和农村的孩子接触以后，她觉得自己以前的做法很无聊，于是不再要求父亲给她买名牌衣服了，也不愿意穿那些名牌服装上学了。父母看到她的变化很高兴。

我也专门给农村来的学生开会，对他们说：“你们并不缺少什么，挺起胸膛，放开手脚，用行动证明你是最优秀的。要具备自我解剖的精神，勇于去己之短；更要敞开心扉，拿出海纳百川的气概，博采众长。”

在一个集体里，“霸气”不可助长，“猜疑”也不可提倡。有一个农村孩子刚入学时普通话说得不好，用家乡话回答问题。城市的学生觉得好玩，哄堂大笑。他们也没有恶意，可这个农村的孩子却再也不敢回答问题了。我告诉她：“‘少小离家老大回，乡音无改鬓毛衰。’乡音是最美的。一个中学生在公共场合讲普通话是应该的，连英语都能学好，说普通话就更没有问题了。希望你积极回答问题，早日说好普通话。”作为语文教师，我专门为她讲解了普通话的发音方法，不久，她就能说一口纯正的普通话了。

“不食嗟来之食”被很多人奉为人生信条，但有时被我们拒绝的不一定是“嗟来之食”，而是他人善意、真诚的帮助。城市学生和农村学生的另一个差别就是城市学生做事不讲究形式，往往好心办坏事；而农村学生太在意形式，往往曲解别人的好意。我告诉城市学生办事讲究方式，也告诉农村学生接受别人善意的帮助也是一种勇敢和修养。有一个农村学生，放假回家用一个手提塑料袋装书。一个城市学生看到后想帮助他，又怕伤害他的自尊心，就假装借他的塑料袋用，然后从自己家里拿来一个崭新的旅行包，对他说：“对不起，我把你的袋子弄坏了，正好我这个旅行包也没有用，你用吧。”他说得真诚而又自然。

创造机会。在平时的教育、教学活动中，教师要注意发挥城市学生和农村学生各自的长处，为他们创造相互了解的机会。比如，课文中涉及一些农业方面的知识，就多让农村的学生来回答讲解，那些从小生长在城市里的学生会面露羡慕之色；遇到有关城市话题就由城市学生来解释，农村学生同样会露出佩服的眼神。一个人认识到他人的长处之时，就是自己进步的开始。

有一次，一个城市学生写了一篇作文，他在描写秋天的景色时说：“秋天，真美啊！金黄的麦浪随风起伏。”我让他把作文给同桌看一看。他的同桌是个来自农村的学生，告诉他在河北省，小麦是在夏天成熟的，棉花、玉米、高粱、大豆才在秋天成熟；还给他讲了许多农业方面的知识。这个城市学生感到很新鲜也很佩服。

下雪了，扫雪、铲雪时，教师可以让城市学生和农村学生搭配起来，农村学生舞动铁锨，给人一种力与美的享受，城市学生拿着铁锨浑身是劲却使不上。春天种树也这样分组，开始还轮流挖坑，过一会儿分工就明确了，农村学生挖坑，城市学生浇水。通过这些活动，城市学生开始喜欢这些朴实忠厚、任劳任怨、乐于助人的农村学生了，而农村学生也开始喜欢这些能言善辩、天真、热情的城市学生了。

墙推倒了便是桥，通过引导，城乡差别不再是不可逾越的墙，城市学生和农村学生在完善自我的同时相互欣赏，相互学习，取长补短，共同进步。城市学生和农村学生不再是油水分家而是水乳交融，而正因为城乡结合，优势互补，班级才变得更加优秀。

墙推倒了就是桥。要消除学生之间的歧视现象，教师就要让学生们明白，狂饮大嚼是豪爽，细嚼慢咽是儒雅。每个人都是一道独特的风景，关键是学会欣赏。如果世界上只有一种花，美丽就会变成单调；如果世界上只有一种声音，仙乐也会变成噪音；如果世界上只有一种人，圣人也会感到寂寞。没有不好，只有不同。与人交往的过程就是一个相互了解、相互接纳、相互包容的过程，就是与别人的美好相遇的过程！

忘情水·迷魂汤·清醒剂

早恋是一个老生常谈的话题。面对“恋爱”中的少男少女，很多教师、家长如临大敌，严防死守，苦口婆心，甚至跟踪盯梢，实时监控。结果如何呢？道高一尺，魔高一丈，不仅不能解决问题，有时还物极必反，使孩子更加逆反，造成师生关系、亲子关系不和谐。

那么，面对早恋的学生，我们应该怎么办呢？是给他们一杯忘情水，还是给他们一碗迷魂汤，抑或是给他们一副清醒剂呢？我认为应该给他们一副清醒剂。

一、世上没有忘情水

很喜欢刘德华的《忘情水》这首歌。“给我一杯忘情水，换我一夜不流泪。所有真心真意，任它雨打风吹，付出的爱收不回”，每次听到这里，我都会想：世上真有忘情水吗？面对恋爱中的少男少女，我们是否可以给他们一杯忘情水让他们忘记一切，专注学习呢？

有一年国庆节放假的前一天，一个胖胖的女孩推开了心理咨询室的门，从她的表情我看出她一定是犹豫了很久、下了很大的决心才来到这里的。

她说自己是一名初三的学生，喜欢邻班的一个男生。男生很棒，英俊潇洒，成绩优秀，多才多艺。她每天、每个课间都故意从那个男生的教室门口走过，以便看到那个男生，以期引起那个男生的注意，但是没有效果，那个男生从来都不看她。后来，她通过朋友打听到那个男生的生日，请他吃饭，还给他送去了一份生日礼物。那个男生接受了邀请和礼物，二人算是认识了，但他从来不主动和她打招呼，任凭她每天从教室门前“穿梭来往”，任凭她制造了很多“意外相遇”的机会。再后来，她发现那个男生和另一个成绩优秀的女生走得很近，在一起有说有笑，似乎在谈恋爱，于是她伤心欲碎。

我问她：“你跟他说过你喜欢他吗？”

“没有。”

“他知道你喜欢他吗？”

“不知道。”

“他喜欢你吗？”

“不喜欢。”

“他为什么不喜欢你而喜欢那个女生？”

“因为她比我瘦，比我漂亮，比我成绩好。”她难过地说。

我告诉她：“既然知道他不喜欢你，你何必这样苦恼呢？既然知道他为什么不喜欢你，为什么不改变自己呢？现在，有两条路摆在你面前：一是彻底忘记他；二是奋起努力，改变自己，好好学习，提高成绩，让自己优秀起来，用你的优秀证明你的存在和不可忽视！像现在这样，你每天在他面前晃来晃去，非但不能引起他的注意，还有可能引起他的反感。”

女生听懂了我的话，表示自己有志气，要努力学习，让自己优秀起来，情绪饱满地走出了办公室。但是，国庆假期结束的第一天，女生又满面愁容地推开了我办公室的门，伴着泪水说出的第一句话就是：“老师，我还是忘不了他，怎么办？”

看着她痛苦的表情，我明白了，世上根本没有忘情水。“忘记”二字说起来容易，但是对多愁善感的少男少女来说又谈何容易呢？他们常常把自己演绎成童话故事中的公主或王子，为自己编织一张虚幻的情网，把自己牢牢地困在网中央！所以，我告诉她：“那就记住他，把他作为你努力的目标，放在心底。”

二、贻害无穷迷魂汤

面对恋爱中的少男少女，有些家长和教师试图给孩子一碗“迷魂汤”，扰乱孩子的心思，击碎孩子的美梦，结果如何呢？

薄伽丘在《十日谈》里记载了这样一个故事。一位父亲希望儿子跟他一起修行，于是他把儿子从小就关起来教育。儿子长大后，有一天，父亲带他进城，在路上看见一群姑娘。儿子问："这是什么东西？"因为从来没有让儿子见过姑娘，所以父亲骗儿子说："这是'绿鹅'。"儿子接着说："让我带一只绿鹅回去吧……"

青春萌动、关注异性，这不是见没见过、知不知道、懂不懂得的问题，当然也不是一碗迷魂汤就能够解决的问题。对生长在烟火人间、听着"王子和公主"的美丽故事、唱着《要嫁就嫁灰太狼》长大的孩子们来说，恐怕这碗迷魂汤就更不奏效了！

哪个男儿不多情？哪个少女不怀春？让我们坦诚地问问自己：谁没有做过"王子和公主"的梦？这个梦是从什么时候开始的？又是谁把它播种在我们心田的？是格林兄弟、安徒生、曹雪芹、琼瑶，还是家长、老师，抑或是电视、报刊？

成长的过程就是一个不断觉醒的过程。当一个懵懂顽童进入青春期的时候，他对异性的关注是自然而然的，也是很强烈的，隔离、威吓、欺骗都不是很好的办法！

有一个真实的故事。一个老师发现两个优秀的学生谈恋爱了，精力分散了，成绩双双下滑。老师觉得不管不行了。怎么管呢？经过思考，老师想到了一个拆散他们的好办法。

老师对女生说："作为女生，你怎么这么不自重？人家不喜欢你，你却总是缠着人家？"女生听了老师的话，恨恨地说："伪君子，我看错人了！"

老师又对男生说："你一个男子汉，为什么这么没志气？人家看不上你，你还没完没了地纠缠人家。"男生听了之后，很生气地说："骗子，我再也不纠缠她了。"

于是，这两个学生果断而彻底地分手了，恋爱告一段落，成绩快速回升，后来都考入了理想的大学。老师觉得自己很成功。

多年之后，老师遇到那个男生，发现已逾而立之年、事业蒸蒸日上的男生还没有恋爱结婚，就问他原因。男生的回答是"女人都不是好东西"。老师后来见到了在另一个城市工作的女生，女生也是孤单一人，对这个问题的回答居然是“男人都不是好东西”。

迷魂汤贻害无穷。这当然是一个极端个案，但也足以使我们惊出一身冷汗。对学生早恋问题，教师和家长可以限制，可以反对，但是一定要本着对孩子一生负责的态度，让他们知道爱情是美好的，我们反对的不是谈恋爱，而是在不恰当的时候谈恋爱。

三、给他们一副清醒剂

中学生心智还不成熟，缺乏自我克制能力，早恋会耽误时间，影响学习。家长、老师担心、关注他们，甚至给予指导、限制都是无可厚非的，而且是非常有必要的。那该怎么做呢？最好的办法是给他们一副清醒剂，让他们对爱情、对人生、对自己、对对方有一个清醒的认识。

什么是清醒剂呢？到哪里去找清醒剂呢？我举例说明。

有一个擅长运动的男生，在学校组织的篮球联赛中表现突出，赢得了很多女生的青睐。有一名女生也被他吸引了，他们的交往密切起来，女生听课精力不集中了，她的目光总是有意无意地追随着男生的身影。

富有经验的老师把这一切都看在眼里。她并没有急于采取措施，而是不动声色地观察、分析。

两人性格反差极大：女生干干净净，漂漂亮亮，性格内向，情感细腻，成绩优秀，做事认真；男生高大英俊，粗疏豪放，不修边幅，大大咧咧，什么事都不当真。他们的交往还处于朦胧阶段，女生主动，男生有些“随波逐流”的意思。

距离产生美。他们的“爱恋”是因为距离造成的，男生坐在教室的最后一排，女生坐在教室的前排，之前他们没有太多的接触；现在接触多了，但看到的都是对方刻意表现的闪光面。如果把他们之间的距离拉近，他们接触更多，相互了解也会更多，美丽的光芒也许会淡去，结果也许会改变。

考试过后，班级重新排座位，老师有意识地把他俩安排坐在了一起。一开始两人都很高兴，但没过几天，两个人就产生了矛盾。女生嫌男生懒散、邋遢、不靠谱，尤其是体育课之后，男生满身大汗拿着书呼啦呼啦地扇个不停，有时还把鞋带解开甚至把鞋脱下来，女生受不了了；男生嫌女生事多、挑剔、小心眼，也受不了了。距离没有了，美也没有了，两个人又还原成了同学关系！

中学生的“爱恋”犹如雾里看花，看到的是“花非花，雾非雾”。这个清醒的老师无非是给他们创造了一个示人本相、看清对方的机会，看清了也就清醒了，他们因不了解而心生爱慕，因了解而疏远分手！了解就是最好的清醒剂！

“雾里看花”式的早恋比较容易疏导，但对那些动了真情的学生该怎么做呢？

有一个成绩平平的男生喜欢班上的“女状元”，屡遭拒绝却坚定不移。他很苦恼，情绪起伏不定，女生的一举一动、一颦一笑都左右着他的视线，成了他心情的晴雨表。他坦然地告诉我：“我就是喜欢她，我看她哪儿都好，她就是我一生无悔的选择。”

看着他苦恼的表情，听着他坚定的表白，我觉得必须帮他梳理一下他的情感，让他多一分理智和清醒。我想到了北京教育学院的迟希新教授针对早恋问题策划的一个主题班会，我觉得对这个学生也许有效。于是，我根据学生的情况，召开了一个“音乐、诗歌鉴赏主题班会”，效果很好。在此特别向迟希新老师致谢！

班会课开始前，我给学生印发了李琛的歌曲《窗外》的歌词、裴多菲的诗《我愿意是急流》和舒婷的诗《致橡树》。

班会课开始了，我先让学生欣赏歌曲《窗外》、配乐诗朗诵《我愿意是急流》和《致橡树》，然后思考、讨论并说说自己的感受，最后问了以下六个问题。

（1）歌曲《窗外》的抒情主人公爱那个女孩儿吗？

学生回答：爱！爱得很深！

（2）既然爱，他为什么还要走开？

学生回答：因为女孩儿太美丽，自己太平凡。爱需要平等，需要资本！

（3）明天“我”要去干什么？

学生回答：寻找未来。爱不是形影不离，而是更加努力地去追逐理想！

（4）为什么“我”可能不再回来？

学生回答：爱不仅是花前月下，爱是责任，是担当，是让她幸福！

（5）裴多菲代表男人做了怎样的爱情宣言？

学生回答：爱意味着责任、担当与牺牲。爱与责任同行！

（6）舒婷代表女人做了怎样的爱情宣言？

学生回答：爱要平等、独立和自强。

歌曲、诗歌都欣赏完了，讨论结束了，学生们明白了什么是真正的爱——爱不仅仅是两情相悦，爱与责任同在。那个陷入“热恋”中的少年变得深沉了！

有两个优秀的学生谈恋爱了，他们都具有较强的自我管理能力，也相互鼓励学习，但是成绩还是在下滑。

我分别找他们谈心。我告诉他们：“在我们生命的旅程中，有很多亲人陪伴着我们，爸爸妈妈、爷爷奶奶、兄弟姐妹以及未来的儿女，他们是我们的至爱亲人，是我们生命中的天使。但是，父母是成功还是失败，是贫穷还是富有，是健康还是患病，我们没有选择的余地，只能接受；我们的孩子是否健康、美丽，是否聪明、伶俐，是否杰出、成功，我们同样没有选择的权利，只能接受。

“但是，在我们的生命中，还有一个最为重要的人——爱人。因为他太重要了，关系到我们一生的幸福，所以上天给了我们选择的权利，让我们自己来选，因为怕我们选错，还特别安排我们在成熟以后、真正明白自己需要什么样的人的时候再选。你们现在还不够成熟，还不知道自己真正需要什么样的人，如果现在就选，是否有些草率、冒险呢？花开应有时，春天的花如果开在冬天是会被冻死的。为什么不把这个最重要的选择留给成熟后的自己呢？保持距离，不要因为一棵树失去整座森林！”

这副清醒剂犹如一场润泽心田的春雨，濡湿、沉淀了心灵的浮尘，还心灵一片宁静与澄澈。

戏法人人会变，巧妙各有不同。针对中学生早恋问题，最好的清醒剂就是清醒的教师为学生精心烹制的一碗心灵鸡汤，材料和方法要因人而异，但是主料不能变，那就是爱与责任！

对于中学生早恋问题，家长、教师、专家、学者都很关注，都在思考，这非常好。但大家一定要明白：早恋不是错误，不能与品格、修养画等号，决不能把早恋看成品质恶劣的表现，不要给恋爱的孩子贴上“坏小子”“疯丫头”的标签。面对早恋的少男少女，我们应该抱定不嫌弃、不抱怨、不讽刺、不挖苦的态度，与他们做平等、有效的沟通。

耕耘心田，播种太阳

常常听到人们抱怨“现在的孩子太冷漠”。我们不禁要问：什么是冷漠？孩子为什么会冷漠？怎么才能让他们不再冷漠呢？

从字面上看，“冷”是不温暖，“漠”就是不热情。人不可能天生冷漠，冷漠都有其形成的原因。要克服冷漠，必须找到冷漠的原因，对症下药，才能化冷漠为热诚。

一、寻根探源，切断心灵的“冷链”

有些孩子的冷漠，源自家庭，而单亲家庭的孩子更容易变得冷漠。

有一个女生生活在不和睦的家庭中，父母每天吵个不停，相互指责，势同水火。爸爸不回家，妈妈没工作。孩子劝爸爸，爸爸开始是沉默，后来变成了呵斥。妈妈很寂寞，闲在家中，如坐愁城，孩子是她唯一的倾诉对象。孩子放学回家，妈妈开始抱怨和控诉，结束语永远是一样的：“都是为了你，妈妈才过这样的日子，否则我早就离婚了，我早不过这种生活了。”一开始孩子很感激妈妈，母女两个经常相对流泪；后来，她劝妈妈“您不要考虑我了，离婚吧”，妈妈坚决不离，理由是“我一定要给你一个完整的家”；再后来，孩子觉得自己是一个罪人，她甚至想“如果没有我多好啊”。再后来呢？她听烦了母亲的唠叨，厌倦了父母的争吵，变得冷漠、麻木。每当爸爸、妈妈吵架的时候，她就回到自己的房间，“砰”的一声关上房门，戴上耳机，用音乐来隔绝那让她心碎的争吵声。任凭爸妈吵翻天，任凭妈妈哭断肠，任凭爸爸扬长而去，她都不出来看一眼劝一句，而是“陶醉”在音乐中。

当这个女生对爸爸、妈妈变得冷漠的时候，她的生活就进入了冬季，对周围的人和事也没有了温度，没有了热情，于是，我们看到了一个没有表情、没有热情、对谁都无所谓、对什么都不感兴趣、对别人的关心和批评都置若罔闻，甚至对妈妈的眼泪都无动于衷的“冰女孩”。她的冷漠来自家庭，是父母的争吵把她的热情耗尽。

找到了“冷”源，就要在源头上下功夫。我一方面告诉孩子，让她多理解爸爸、妈妈，另一方面和她的妈妈沟通，告诉她：“孩子学习很累，心理承受能力也很有限，您把自己的心灵垃圾无选择地倾倒给孩子，这些抱怨、指责除了增加她的心理负担之外，于事无补。爱孩子，不仅要给孩子一个完整的家，更要给孩子一个温暖、幸福的家。您与其困坐愁城，每天和丈夫吵架，吵完架再伸手向他要钱，不如走出家庭，去找一份工作，试着自食其力养活自己。捍卫爱情、保卫家庭的方法很多，吵架是最笨的也是最无效的方法；爱孩子的方式很多，这种唉声叹气的悲情陪伴是不恰当的……”

女孩的妈妈终于想明白了，结束了专职太太的生活，走出家庭开始工作。忙碌的工作分散了她的注意力，她不再只盯着自己的丈夫；工作的伙伴成为她的倾诉对象，她不再和女儿诉苦、抱怨；单位里的新鲜事成为饭桌上的新话题，面对女儿她也不再唉声叹气。母女俩的生活变得平静而快乐。

如果说孩子是一朵向阳花，妈妈就是一颗太阳！没有太阳，向阳花就失去了灿烂。妈妈从痛苦中走了出来，就好比太阳冲出了云层，家庭的温度开始回升，孩子的心灵开始解冻，冷漠渐渐消退。

二、用爱导航，为寒冷的心灵破冰

还有一种冷漠也源于家庭，但家庭的修复能力已经不够强大，怎么办？教师就要担起责任，做冬日的暖阳，用爱心来融化学生心头的坚冰。

有一个女生，爸爸被判入狱，妈妈弃她而去，她和年迈的奶奶生活，奶奶由叔叔、婶婶赡养。敏感而自尊的女生，端着别人的饭碗，看着别人的脸色，背负着周围人的指责，觉得自己被全世界抛弃了。“根本没有人关心我，我为何去关心别人？”她心情越来越压抑，与周围人越来越疏远，性格变得越来越冷漠，没有欢乐也没有悲哀。她成了一个自卑、落寞、独来独往、游离于集体之外的“木女孩”。

我见过她奶奶，满头白发的奶奶只是哭泣和叹息；我见过她婶婶，婶婶只有抱怨和委屈。但都是很善良的人，她们已经很努力了。怎么办？我们就要用爱心、用集体的温暖为她的心灵破冰。我给她安排了一个性格温和、宽容大度的同桌，嘱咐同桌在学习和生活上多帮助她，主动和她沟通，鼓励她多参加班级活动。渐渐地，她们成为朋友，有了朋友就有了交流，她紧绷的表情放松了，脸上有了些微的笑意；她的心扉敞开了，她不再逃避，不再疏离，我们才有机会走进她的心灵世界，告诉她："爸爸要为他的错误承担责任，妈妈有权利选择属于她的幸福，奶奶、叔叔、婶婶都在关心你，老师、同学都在关心你。你不是孤儿，更不是弃儿。你没有权利要求更多，你应该做的就是善待自己和身边的人，不要让爱你的人受伤。"

她的生日到了，我悄悄地送给她一个祝福，邀请她和同桌一起吃了一顿简单的生日晚餐，这个不落泪的女生潸然泪下了，心灵的破冰之旅完成了。

她也是一朵向阳花，只是她找不到属于自己的太阳，那就让我们升起在她的身旁吧！

三、开展体验教育，让心灵在体验中升温

多数孩子的冷漠是因为缺乏生活体验，这一点在城市孩子的身上表现得尤为明显。一个初中男生，手里拿着一只小麻雀，一根根地拔毛。我问他为什么虐待小麻雀，他说要锻炼一颗冷酷的心。

我想起了小时候的事情。快过年了，妈妈要杀掉家里那只漂亮的大公鸡。我为此大哭了一场，因为我看着它破壳而出，从一个小鸡雏长成一个威风凛凛的"大将军"，听着它每天清晨的声声啼鸣。"见其生，不忍见其死；闻其声，不忍食其肉。"鸡肉上桌了，在那个贫穷得一年不见荤腥的时代，我一口也没有吃，而这所有的不忍都是因接触、了解而生出的爱怜。可是，现在城市里的孩子，他们没有见过小鸡破壳而出的神奇，也没有听过金鸡报晓的嘹亮，只知道烧鸡、烤鸡、肯德基，怎会有那份怜惜？他们没有看过玫瑰破土而出时的稚嫩，也没有见过玫瑰摇曳枝头的娇媚，只看到陈列在花店里的商品玫瑰花，怎么会有临花轻颤手的不忍？因为学生没有切身的体

验，所以，很多的环保教育、生命教育、尊重教育就成了隔靴搔痒的说教。于是，我们慨叹：现在的学生太冷漠了。

要解决这个问题，就要多为学生创造体验的机会，让他们的心灵在体验中感悟，在感悟中升华。学校的操场边没有树，因为学生不爱惜，年年种树不见树。有一年春天，我自费买了20棵白杨树苗，带着学生挖坑、栽树、浇水、施肥，学生们做得非常认真。树种完了，他们每天都要去看一看自己种的树，热切地期待着它发芽、长叶。放假离校去看看树，开学返校去看看树，心情不好去看看树，毕业离开还要去和树合影告别。树成为他们生活的重要组成部分，他们的感情也从“爱我的树”扩展为“爱所有的树”，进而上升为“爱护环境”。他们的眼神中闪动的不再是冷漠，而是柔情！

其实，在体验教育方面老师们已经做了很多有益的尝试：给妈妈洗一次脚，感受妈妈的辛苦；给家人做一顿饭，体会付出的快乐；蒙住眼睛做一次“盲人”，就知道健康的宝贵；到敬老院做志愿者，就理解了老人的孤独；到社区打扫一次卫生，就知道了清洁工的辛苦；到路口维护一天交通，就明白了遵守交通规则的重要……

每一次体验，就仿佛在他们心中播种一颗太阳，不仅温暖了他们自己，也可能在某一天，会收获更多的太阳，去温暖世道人心。

四、用集体的温暖，暖化每一颗冷漠的心

学生为什么如此冷漠？除了家庭的原因、个人的原因之外，社会环境的影响也不可低估。我们一方面埋怨学生冷漠，一方面又嘱咐他们“不要和陌生人说话”，把这两难的命题交给不谙世事的他们作答，他们除了茫然，就只能选择冷漠了。

教师该怎么办呢？加强班级建设，净化班级氛围，把班级建设成一个温暖的集体，用集体这个大熔炉去温暖每一颗“冷漠”的心。

一名有些自以为是、冷漠的学生骑自行车摔了一跤，腿骨折了，上下楼梯不方便，学习遇到了困难。正在他犹豫无助之际，热心的同学成立了爱心小组，负责给他打水买饭，搀扶他上楼下楼。集体的温暖是最好的疗伤药，

他的腿伤痊愈了，自以为是、冷漠的“心病”也随之消失了。

一个女生性格内向，平时总是以“独善其身”自居，对集体的事情漠不关心。突然之间，她的家里发生了变故，学业难以为继，全班同学伸出援手，帮她渡过难关，集体的力量推动了她的生命之舟重新起航。她不再是躲在角落里哭泣的小女生，而成为笑容灿烂的爱心天使，把她感受到的爱加倍奉献给身边每一个有需要的人。

集体的力量是巨大的，当一个班级激情涌动的时候，个体的冷漠会随之消解，如果每个学生都是一朵向阳花，那教师最大的任务就是让班级阳光普照！

五、用智慧的魔棒，激活孩子爱的基因

很多人动不动就指责现在的孩子没有爱心、不懂得感恩、过于冷漠。我认为这些指责有失公允，现在的孩子不是没有爱心，而是爱的基因休眠了。

试想一下，从他们呱呱坠地的那一刻开始，爸爸妈妈、爷爷奶奶、姥爷姥姥一大堆人无条件地单边倾斜式地爱着他，他被爱包围着。他只知道“爷爷、奶奶不爱穿新衣服”“妈妈爱吃鱼头”“爸爸从来不累”，他不知道世界上还有人需要爱，还有人需要他的爱！他更不知道自己还可以去爱别人，于是爱的基因休眠了，他成了一个只知道索取不懂得付出的“冷孩子”。

怎样去激活爱的基因呢？教师要给他们创造表达爱、奉献爱的机会。2008 年 3 月 18 日，我邀请所有的家长来参加学生的“成人仪式”，专门设置一个环节“爸爸、妈妈，您听我说”，让每个学生上台发言，对爸爸、妈妈说说心里话。学生真诚地表达，家长用心地倾听，爱的基因被激活了，深埋在心底的爱变成了声声感激。这时没有叛逆，没有冷漠，有的是理解和关爱。仪式结束了，我要求学生们送爸爸、妈妈出校门，告诉他们“这是你成人之后的第一个感恩之举”。当学生向爸爸、妈妈挥手告别并嘱咐他们注意安全的时候，“冷漠”就不存在了！

对中小学生来说，爱是化解冷漠的仙丹，爱的教育可以从某种具体的要求、某个特定的仪式，抑或某个特殊的日子开始。母亲节，教师可以要求学

生陪妈妈聊聊天；父亲节，要求学生给爸爸写封信；教师节，要求学生对老师说说心里话……这些都是爱的表达。

冷漠不是错误，爱心需要培养。在这不断的表达和演练中，爱心苏醒了，冷漠消退了，“冰孩子”“木孩子”变成了热诚、灿烂的“火孩子”。

每当我听到人们抱怨孩子冷漠的时候，我耳边就会响起一首儿歌《种太阳》：“我有一个美丽的愿望，长大以后能播种太阳……一个送给南极，一个送给北冰洋，一个挂在冬天，一个挂在晚上……到那个时候，世界每一个角落，都会变得温暖又明亮。”

教师就是心灵的耕耘者，让我们以心为田，以爱为犁，去播种太阳吧！我们相信，只要心中有了太阳，每一个孩子都会走出冷漠，变得灿烂、阳光！

让高考成为我们期待的节日

对高三的学生而言，高考是十年寒窗的总决战，是人生旅途中的十字路口，所以，越是临近高考，学生越容易产生焦虑情绪，这就是我们所说的考前焦虑。

其实，学生出现考前焦虑是正常的，而且适度紧张有助于水平的正常发挥。但是过度紧张就不好了，它不仅会影响考生个人水平的正常发挥，如果引导不及时，还有可能由个体的情绪焦虑演变成大面积的情绪流感，导致集体失败。

那么，家长和教师该怎样应对学生的考前焦虑呢？

一、家有考生莫紧张，临近高考心平常

“家有考生”，一个多么诗意的句子，但在有些家庭，却是一个非常沉重的话题。一人高考，全家紧张。考生成为家庭的重心，高考成为全家唯一的话题，分数和排名成为家庭的晴雨表。这种“全家总动员式”的过度关心，制造了高考的紧张气氛，给孩子造成了巨大的心理压力。

所以，高考临近，家长要调整自己的心态，保持情绪的稳定，为孩子创造一个温馨、和谐的家庭环境。

平静不等于安静。为了给孩子创造一个安静的学习环境，有的家长改变了自己的生活习惯。爱看韩剧的妈妈不看了，粗声大嗓的爸爸不吼了，饭桌上天南地北的神侃变成了小心翼翼的询问和嘘寒问暖的叮咛，风风火火的一家人、红红火火的一个家变得安静而且陌生，让人很不习惯。当孩子带着疲倦和焦虑的心态回到家里，感觉家里很压抑，于是焦虑情绪更加严重了。

那该怎么办呢？让生活恢复原来的样子。孩子回来了，如果看到妈妈忙

碌的身影，听到爸爸爽朗的笑声，与爸爸妈妈天南海北地聊一聊，浮躁、紧张的心情在这熟悉的氛围中更容易归于宁静。一句话，自然最好。

重视不等于牺牲。因为孩子要高考，有的家长牺牲了自己的一切。旅游取消了，出差推掉了，甚至干脆请假在家，一切等孩子考完了再说。孩子突然成为家庭的焦点，爱在一瞬间就变成了巨大的心理压力：考不上怎么办？考不好怎么办？对不起每一个人，于是愧疚感、负罪感袭上心头。

其实，高考只是生活的一部分，是一件很正常的事。高考的确是全家的事，但主角是孩子，家长不要喧宾夺主、自乱阵脚，对孩子最大的帮助就是让生活按照已有的轨迹前进。

补品不等于营养。为了让孩子精力更充沛，有的家长千方百计地为孩子增加营养，一些本不富裕的家长给孩子买了一大堆补品。岂不知，这“巨大”的物质投入就变成了沉重的精神负担，压在孩子的心上。

高考仅是一次考试，并没有超出正常人所能承受的范围。学习是一件辛苦的事情，家长有意识地给孩子调整膳食，做到营养均衡就可以了。在题海中煎熬了一天的孩子，回到家吃一顿可口的饭菜，轻松惬意，安然自得，心情舒畅，这才是最好的营养。

给孩子具体的帮助。随着高考的临近，孩子越来越忙碌，越来越紧张，此时，家长不要每天重复唠叨“注意安全”“努力学习”“别迟到”“带齐东西”之类的话语，而应该给孩子具体的帮助。

什么是“具体的帮助”呢？如果孩子学得很晚，与其叮嘱他第二天不要迟到，不如帮他上好闹钟；如果孩子爱丢三落四，与其等他返回来拿钥匙时责怪、批评，不如提醒他把物品放在规定的地方或提前检查一下。

多和孩子交流。高三学习紧张，同学之间、师生之间的交流比较少，家长要和孩子多交流。需要强调的是，家长和孩子交流的话题应该广泛一些、轻松一些，起到放松、减压的作用。

一个学生说：“我妈只会说三句话：‘早上想吃什么？妈妈给你做。’‘中午想吃什么，妈妈给你做。’‘晚上想吃什么，妈妈给你做。’三句话其实就是一句话，我一坐下吃饭她就说，烦死了。”这样单调、无趣的谈话除了让孩子感到厌烦、制造紧张空气之外，毫无用处。

面对期盼已久的高考，家长必须有一颗平常心，把握分寸，合理关注，让家成为孩子心灵的憩园。

当然，多数家长不是做教育工作的，对高考也知之不多，建议学校、教师多与家长沟通，对家长进行必要的指导。

二、丰收在望师莫慌，教师心里有阳光

高考是考学生，也是考教师，更是对教师教学水平和心理素质的一次大检测。面对一年一度的高考，教师也很焦虑。如果教师不能及时调整自己的情绪，把不良情绪带进课堂，很可能会造成师源性情绪污染。那么，教师应该如何调整自己的心态呢？

乐观、自信、平和、清醒。高考是一场持久战也是一场攻坚战。在这场战斗中，教师是指挥员，学生是战斗员。教师要统观全局，高瞻远瞩，保持乐观、平和的心态。学生成绩退步了，教师即使很失望，也不要在学生面前唉声叹气，更不要怨天尤人、推卸责任，而应该帮助学生寻找失败的原因，告诉他们在决战之前发现缺点是一种幸运；学生成绩进步了，要表扬、鼓励，同时要提醒他们继续努力，不要被暂时的胜利冲昏头脑。

对高三的学生来说，班主任就是班级情绪的稳压阀和风向标。学生情绪低落，教师不要情绪低落；学生自卑，教师不要自卑；学生骄傲，教师不要骄傲。教师乐观、自信，学生才能镇定从容。

耐心、细致、大度、阳光。高三学生的情绪起伏很大，而且具有隐蔽性和突发性。教师尤其是班主任不要只是埋头教书，而要把握学生的心理动态，有针对性地进行疏导。

因为学业压力，学生容易冲动，师生之间容易产生误会，同学之间也容易产生摩擦。教师遇事要保持冷静，不要动不动就大发雷霆，要分清是情绪问题还是品质问题。如果是由于不良情绪造成的不恰当宣泄，教师不要过分计较学生的态度，更不要在细枝末节上纠缠不清，要给予学生必要的指导，以免激化矛盾，造成恶性事故。

对高三教师而言，教师不仅要有丰富的知识、高尚的师德，还要有过硬

的心理素质，要懂得放下。

让班级文化多姿多彩。进入高三，很多教师把精力全部用到备课、讲课上，忽视了班级文化建设，班会不开了，活动不搞了，连教室布置都简单化了。以教室布置为例，高三教室里最常见的是高考倒计时牌、励志标语、成绩单、试卷答案，这些的确能够起到烘托气氛、督促、鼓励的作用，但也给学生增加了心理压力，甚至成为不良情绪的发酵剂。曾有同学说："我每次抬头看到倒计时牌，心里就发慌。"

高三学生学习紧张，生活单调、枯燥，更需要有多姿多彩的班级文化调节气氛。比如，召开一些别开生面的班会，组织一些轻松、有趣的活动，用一些明快的色彩、温馨的话语来布置教室，会使他们紧绷的神经得到放松。

三、我的心态我做主，我的高考我主张

大考来临，考生产生焦虑情绪在所难免。要克服考前焦虑，教师就要引导学生想明白以下几个问题。

你是最苦的吗？不是。有些学生觉得自己是世界上最累、最苦、最不幸的人。我告诉学生："你要学会比较，和为生活奔忙的父母比，和无缘高考的失学少年比，甚至和在灾难中丧失生命的人比，能够参加高考是一种幸福。"

请记住：流下汗水收获成功，风雨之后方见彩虹，任何事情都是如此，高考也不例外。

你是最差的吗？不是。越是临近高考，学生越觉得自己所学太少，于是手忙脚乱，焦虑异常，拿起数学想做物理，拿起物理想看化学；同桌做语文，自己也想做语文；有人背外语，自己也想背外语，甚至于拿起书就着急，拿起笔就发愁……结果呢？忙忙碌碌，浪费时间，什么也没有做好，什么也没学会，结果焦虑"升级"了。

请记住：你不是最差的，你已经掌握了很多的知识，按部就班地过好每一天就可以了。

你是最焦虑的吗？不是。越是临近高考，学生越觉得紧张，于是看到别人紧张焦虑，自己也跟着紧张焦虑；看到别人轻松说笑，自己就心生羡慕和

自责，羡慕别人心理素质好，觉得自己无可救药……结果呢？别人的一举一动都左右自己的情绪，坐卧不宁，患得患失，心如脱缰野马，难以自控，结果焦虑再度“升级”了。

请记住：你不是最焦虑的，同学们都在焦虑，只是焦虑的程度、表现和化解方式不同而已。有的人情绪外露，有的人含蓄内敛；有的人善于倾诉，有的人善于自省，还有的人用故作轻松的谈笑来排遣心中的焦虑。

你的目标是打败同学吗？不是。很多学生的焦虑来自选错了“攻击目标”，他们把高考变成与同学的较量。张三的物理棒，李四的化学好，王五的外语优秀，赵六的数学出色，拿自己的短处和其他同学的长处比，把同学当成自己的假想敌……于是，左顾危机重重，右盼强手如林，陷入自我否定的怪圈，情绪波动，心理失衡，顾此失彼，身心俱疲。

请记住：你的目标不是打败同学，而是赢得高考。你应该客观地分析自己各科存在的问题，盘点已有的知识，寻找自己的上升空间；你不必追求科科优秀，但要努力做到科科良好。只要高考还没结束，你就有翻盘的机会。

你能够控制自己的情绪吗？能。该怎么做呢？

（1）充实自己。忙碌产生快乐，寂寞产生烦恼。要想让土地不长杂草，最好的方法是在上面种满庄稼。制订一个计划，全力以赴去实现它，让自己的生活真正充实起来，枯燥的学习就变成了简单的快乐。

（2）宽容他人。幸福的人不是比别人得到的多，而是比别人计较的少。临近高考，情绪焦躁，同学、师生之间容易产生误会甚至摩擦，学会换位思考，对别人的无心“冒犯”多一分宽容，少一分计较，就多了一份轻松的快乐。

（3）学会倾诉。倾诉是化解焦虑的有效方法，但要注意选择合适的倾诉对象。旁观者清，当局者迷，学生们都是高考的当局者，可谓同病相怜，相互倾诉不仅不能很好地化解焦虑，有时反而使焦虑情绪强化、膨胀，造成大面积情绪流感。请记住：你最好的倾诉对象不是同学，而是有经验的老师或者家长。

（4）停止幻想。考前焦虑的一个重要表现就是“想入非非”。有人不停地想象自己在考场答题的情景，有人千百次地幻想高考成功的欣喜，也有人无数次地在心里预演高考落败的沮丧。这些胡思乱想除了占用时间、耗费精力、徒增悔恨之外，毫无益处。你要明白，高考已经切近，结果一定会出现，想与不想没有什么意义，最该做的是抛弃幻想，注重过程，抓紧时间，让每一分钟都发挥其应有的作用。

您见过在即将成熟的麦田里辛勤守望的农民吗？他们的脸上洋溢着灿烂的笑容，眼中闪烁着期待的光芒。为什么？因为收获的季节到来了，一年的风吹日晒就要化为金灿灿的幸福了。

高三的学生、家长和老师们，十年磨一剑，我们经过了十二年的辛勤劳作，丰收在望，为什么要如此焦虑、如此悲观呢？让我们快乐地、精心地守候自己的“麦田”，用辛勤的努力和乐观的心态来迎接高考这个期待已久的伟大节日。

第二辑

改变，让自己更强大

改变，从自己开始

一个牧师给自己写了这样的墓志铭：“在我年轻的时候，我想改变整个世界，我发现做不到；后来，我又想改变我的家人和朋友，我发现依然做不到；最后，我决定改变我自己，我做到了。如果当初我倒过来做呢？我自己改变了，也许就可以影响到我的家人和朋友，也许就可以进而影响到整个世界。”牧师用自己的一生证明了一个道理：改变要从自己开始！

遇到学生不尊重教师怎么办？当然要改变，改变从谁、从哪里开始呢？自己！

一、辨真伪

在医学上，近视有真性近视和假性近视之分；在教育中，学生不尊重教师也有真假之别。只有分清真假，才能够解决这个问题。

有一次，我走在街上，遇到我班的一个女生，不知道为什么，平时很有礼貌的她看到我之后转身就走。我喊了她一声，她身体稍微停顿了一下，又坚决地走开了。我当时有些生气，这个学生太没有礼貌了，不主动和老师打招呼也就罢了，老师喊都不理睬。

第二天来到学校，我找她询问原因。她支吾了半天才告诉我，她和妈妈上街买衣服，因为意见不一致，妈妈当众训斥了她，她顶撞了妈妈，结果是两人都很生气，不欢而散，赌气回家。我遇到她的时候，她刚刚哭完，眼睛都是红的，怕被我看出来，只好“逃跑”。我明白了，这看似不尊重教师的行为，实际上是另有原因的。

那该怎么分辨真假呢？要做到“三看”：一看事情的起因，二看学生的性格，三看师生关系。

（1）看事情的起因。人都有情绪不好的时候，学生也是如此。学业的压力、成长的烦恼在学生身上聚合，使他们的情绪很不稳定。而教师，尤其是班主任和学生打交道最多，稍不注意，就可能成为引爆学生情绪炸弹的导火索，使他们情绪失控，把不良情绪发泄到教师身上，做出不尊重教师之举。在教育教学过程中，这种“被迁怒”的情况很多，有时还很激烈。其实，学生不是不尊重教师，只是师生在不适当的时间、不适当的地点讲了不适当的话而已。

有一次期中考试之后，一个学生成绩退步了，我找他谈心。谈话进行得很顺利，最后我说：“你看某某同学成绩多稳定呀，敢不敢和他一比高低？”出乎意料，这很平常的一句话却招来了他强烈的反感。他很激动地说：“我为什么要和他比？我最烦和别人比了。”然后一摔门走出了办公室，我被这突如其来的变化弄蒙了。

后来我才知道，他本来和那位同学关系不错，成绩相当，互为竞争对手，但最近两个人却因一件小事产生了不愉快，而我恰在这个时候提到那个同学，点燃了他情绪的导火索，惹火烧身。

我很庆幸，当时我没有发火，否则就成了火上浇油。第二天，他主动找我解释、道歉，并请我帮助他们化解矛盾，结果坏事变成了好事，师生皆大欢喜！

（2）看学生的性格。每个孩子都有自己的性格，有的粗犷豪放，有的敏感自尊，有的不拘小节，有的斤斤计较。性格不同决定了他们为人处世的方式也不同。

劳动节假期结束，学生返校，一个性格内向的学生没完成作业。我询问原因，他只硬硬地说了一句话：“没有理由，就是没写。”这种不找借口的做法够坦荡也够强硬，众目睽睽之下，让我很难接受。后来，我从他的周记中得知，五一放假回家，他发现父母都在地里忙碌，放下书包就下地干活了。妈妈让他回家写作业，他说在学校就写完了。因为他知道，如果不这样说，妈妈就会逼迫他回家写作业。他心疼父母，愿意帮助他们分担一些辛苦，所以整整一个假期，他都在地里劳作。为什么不当众告诉老师呢？因为他性格内向。

得知真相之后，我在全班同学面前表扬了他敬老孝亲的做法，希望大家向他学习。

（3）看师生关系。作为教师，我自认为是比较受学生欢迎的。走在校园里，学生们都热情地和我打招呼，尤其是初中的学生，离着很远就鞠躬问好。可是，我自己班里的学生见到我却只是微微一笑，问好了事，从来没有人对我鞠躬行礼。有一天，一个初中生见到我又深鞠躬问好，答礼之后，我对我班一个正与我同行的学生说："你看人家对我多么尊重，比你们强多了！"学生嘻嘻一笑说："老师，我们和您太熟了，天天见您，不好意思鞠躬，而且咱们是什么关系呀？鞠躬也显得太外道了。"这些话说得我心里暖暖的！

教师遇到学生不尊重自己的时候，不要着急生气，不要妄下断语，而要透过现象看本质，分清真假，区别对待。

二、找原因

学生不尊重教师的原因看似很多，但归纳起来主要有三个方面。

（1）生源性不敬。有些学生个性张扬，脾气急躁，容易冲动，经常做出不尊重教师之举。

有一个学生，父母在外地办厂，把当时年仅七岁刚刚上小学的他安置在寄宿学校上学，托亲戚照顾他。他不理解父母，以为父母抛弃了他；也不体谅亲戚，以为亲戚嫌弃他。这种长期远离父母、寄人篱下的生活使他变得懒散、叛逆、自私、敏感，像一只张开毛刺的刺猬随时准备战斗。

有一次，他和另外两个同学迟到了，我先把他叫到了办公室。还没等我开口，他的情绪就激动起来，质问我为什么只批评他不批评别人，说我偏心眼、大家都欺负他。他这种近乎歇斯底里的反应让人气愤，但静下来心想一想也让人心疼。从七岁到十七岁，在人生最需要父母呵护和家庭温暖的年龄，他的心却在孤独地流浪。父母在遥远的地方说着"我爱你"，但那爱宛如水月镜花一般虚幻；亲戚在他的耳边程式化地说着"这就是你的家"，但这家犹如雪窖、冰窟一般缺乏温暖。慢慢地，他为自己打造了一副带刺的铠甲，冰冷、坚硬、锋芒毕露！

因为爱的缺失，他不懂得尊重他人。怎么办呢？缺爱补爱，用爱去融化他心头的坚冰！

（2）师源性不敬。师者，所以传道授业解惑也。学生是否尊重教师，与教师自身的学养水平有着直接的关系。

我上初中的时候，农村学校英语老师奇缺，我们到初二年级才开设英语课。教我们英语的是一个高中毕业留校任教的女老师。她那带着浓烈乡土气息的发音、那难看的板书，使学生对她的教学水平产生了怀疑，对老师应有的尊重也所剩无几。几节课下来，很多同学对英语失去了兴趣，对老师却“兴趣”十足。调皮的男生开始给她起外号，每天琢磨着怎么捣乱、起哄，课上接话茬儿、出洋相。可怜的英语老师每天怒冲冲来去，根本上不成课。

由此可知，当遇到学生不尊重教师的时候，教师不要一味地埋怨学生，也要适当地反思自己！

（3）外源性不敬。有一段时间，一名学生对我态度冷淡，似乎有严重的对立情绪。我开始反思：他的对立情绪是从什么时候开始的？似乎始于家长会。家长会有什么问题吗？似乎没有，我只就普遍性问题和全体家长做了沟通，指出了班级存在的一些问题，提醒家长多加注意，根本没有和他的家长单独交流过。

无奈之下，我请来了家长。家长说：“上次开完家长会，就您所说的那些问题，我狠狠地批评了他。他开始还不服气，我告诉他，你们老师就是这样说的，不服气去问老师。”我终于明白了，家长想借老师的威力来管孩子，孩子误以为老师在家长面前无中生有告黑状，因而产生了对立情绪！原因找到了，方法也就有了；误会澄清了，学生的对立情绪自然消失了。

这种因外在原因导致师生产生矛盾，由此引发的学生不尊重教师的行为，我们姑且称为“外源性不敬”。

三、想办法

学生不尊重教师怎么办？解决的方法很多，但归纳起来只有两个字——改变。我个人认为，相对于幼稚、叛逆的学生来说，教师的自我改变更容易做到。那该怎么改变呢?

(1)尊重学生。尊重是相互的，就好比作用力和反作用力，你尊重学生，学生就尊重你。举个最简单的例子，我们要求学生见到老师问好，可有些老师对学生的问候却充耳不闻，置之不理，结果会如何呢?你不尊重学生，也就失去了学生对你的尊重。

有一次，几个学生并排走来，迎面碰上了一位老师。其中一个学生热情地打招呼——“老师好”，老师没有回答就走过去了。旁边的同学取笑他说：“怎么样?碰壁了吧?这个老师谁都不理，我们都不和他说话的……”我们能够想象，下一次，这名学生再见到这位老师肯定不会再打招呼了。如果打招呼是学生尊敬老师的表现，那么又少了一个尊敬老师的人。

但是，人与人之间的相互尊重与作用力和反作用力的关系又不尽相同。因为作用力和反作用力是等量的，发出几分就得到几分；而尊重与被尊重是增值的，发出一分可能收获十分。一个生活在单亲家庭的学生，屡屡违反纪律，顶撞老师。我本打算利用家长会的机会和家长沟通，没想到来开家长会的是他的继母。我知道他和继母的关系不好，他总怀疑继母看不起他。于是，我没有说他的不足，反而表扬了他热爱集体、关心同学等优点。第二天我和他谈心：“我没有在家长面前告状，是相信你能够改正。希望你不要辜负老师的信任。”他重重地点点头，从那以后再也不顶撞老师了，而且积极参加班级活动，成为我的得力助手。

种瓜得瓜，种豆得豆。要想让学生尊重教师，教师首先要尊重学生。

(2)精进业务。世界上没有无缘无故的爱，也没有无缘无故的恨。学生不尊重教师是有原因的，而尊重教师也是有原因的。

回忆我的中学时代，我们都很尊敬地理老师。当时，他是一位年近五十的男老师，上课只拿两支粉笔，第一个环节永远是画图。待学生们坐好之后，他拿起粉笔在黑板上画图，不到半分钟就画出一幅地图。不管是讲中国地理还是世界地理，不管是讲河流、湖泊还是季风、洋流，抑或是讲物产、交通，他都会把地图画到黑板上，清晰、准确，凹凸比例丝毫不差。看他画图是一种享受，听他讲课是一种幸福。我们被他征服了，我们跟定他了，于是在文理分科的时候，很多同学义无反顾地报了文科！

我很尊敬我的语文老师，因为讲《隆中对》的时候，他先给我们背了一遍课文；我很尊敬我的体育老师，因为在那个乡村中学，他从来不用乡词俚语，每一个号令都非常规范；我很尊敬我的音乐老师，因为她弹着扬琴教我们唱《绣金匾》，拉着手风琴教我们唱《黄河大合唱》，挥舞着红绸和我们一起跳《社员都是向阳花》；我也很尊敬学校里的一对化学老师，他们是夫妻，是被下放到农村接受改造的大学教授。每天放学之后，他们就坐在简陋的宿舍前看书。夕阳的余晖照着他们的脸庞，形成美丽的剪影，这道剪影为这简陋的乡村学校平添了几分书香，这美丽的剪影深深地印在我的心灵深处！我当时觉得，这才是老师，将来我就要做这样的老师！

打铁需要自身硬。教师要想赢得学生的尊重，就要精进业务，做一个响当当、顶呱呱的优秀教师！

（3）提高修养。有人通过抽样调查，总结出学生问老师的“十大不明白”，第一个不明白就是：“老师，您要求我们集会的时候保持安静，为什么您自己总在队伍后面叽叽喳喳说个不停呢？”学校的集会很多，每次集会我们都对学生提出严格要求，诸如，不迟到、不早退、坐姿端正、不交头接耳，等等。如果教师不能按照要求去做，那结果会如何呢？学生心中就会打上一个大大的问号：“老师言行不一，严于律人，宽以待己。老师怎么会这样呢？”教师一个不经意的举动不仅破坏了纪律的严肃性，更损害了学生对教师的信任度和尊重感。

学高为师，德高为范。高尚的品德、高贵的精神乃教师魅力之所在。作为教师，我们走进教师队伍，就不再是普通人。我们不可以虚伪、自私，不可以卑微、苟且，不可以飞扬跋扈，不可以消极颓废，甚至于不可以随地吐痰，不可以闯红灯，不可以说粗话。因为从我们走上讲台的那一天开始，我们的身份就被定格为“人民教师”，身后有无数双眼睛，学生们无时无刻不在审视着我们，品评着我们，模仿着我们。一个优秀的教师应该是一个高尚的人，一个纯粹的人，一个脱离了低级趣味的人。当师品和人品高度统一之时，我们才能成为受学生尊重、爱戴的教师。

桃李不言，下自成蹊。教师要努力提高自己的品德修养，做一个具有职业道德、社会公德、家庭美德的人！

（4）示范引领。我们一直提倡尊师重教，但是，怎样提倡才能既让学生接受，又不落入世俗的怪圈中，使尊师重教成为学生一种自觉的修养呢？有一次上自习课，我在讲台前站着看作文，一个学生给我搬来一把椅子，然后不好意思地回到了座位。我高兴地坐下，大声地说："谢谢！这是我坐过的最舒服的椅子。坐到这把椅子上看你们，觉得你们很可爱。尊重老师不是拍马屁，尊重老师就要表现出来。"从那以后，学生们打消了"走近老师就是巴结老师"的顾虑，都愿意和老师接近，从行动上开始尊师。

教师要珍惜学生对自己的敬爱之情，对学生敬爱教师的一言一行，我们都要给予光明正大的赞美。我们要积极提倡、大力表彰学生的尊师行为，让尊师重教成为风气，成为时尚，成为主流，成为校园交响曲的主旋律。

老师们，还记得那个对着群山喊话的孩子吗？当他对着群山高喊"我恨你"的时候，群山回应"我恨你"；当他对着群山高喊"我爱你"的时候，群山欢歌"我爱你"。学生不尊重教师怎么办？最简单、最有效的方法就是改变自己，如能做到，您一定能听到世界上最美妙的回声！

爱到深处无怨尤

学生总是感受不到老师的爱怎么办？这是很多老师深感困惑的问题。怎样解决这个问题呢？我认为，教师单纯地希望学生改变或改变学生是不公平的，也是不可能的，最好的方法是师生一起改变，而首先要改变的是教师自己。

一、爱本难懂

大家都知道庄子与惠子游于濠梁之上的那段精彩对白，庄子曰："儵鱼出游从容，是鱼之乐也。"惠子曰："子非鱼，安知鱼之乐？"庄子曰："子非我，安知我不知鱼之乐？"套用一下即是："生非师，安知师之爱？师非生，安知生不知师之爱？"简单来说就是，学生不是老师，怎么能够一下子就理解老师的爱呢？老师不是学生，怎么能够知道学生没有感受到老师的爱呢？也许学生早就理解了，你不知道而已。庄子变不成鱼，鱼也变不成庄子，但是我们都曾经"孩子过"，那时，我们对老师的爱理解吗？回忆一下就知道了。孩子会长大成人，将来会理解老师吗？看今天的我们就知道了。

很多老师特别急于让学生理解自己，希望自己对学生的爱能够收到立竿见影的效果。但是，成长不能跨越，人生不能剪辑；十年树木，百年树人，教育是一个慢的过程，学生接受爱、理解爱，再把这种爱变成感恩的行动或者感恩的语言反馈回来，都需要时间。爱不能命令，也不能强制。在这个问题上我们不要过分纠结，不用急，也急不得，更急不来。

学生感受不到老师的爱怎么办？办法很简单：从容淡定，爱着等。

二、爱本无求

"学生总是感受不到老师的爱怎么办"，仔细思考这个问题，给人急拽拽的感觉，似乎老师爱学生就是为了求得学生们的理解和感恩，没有得到就好像受了委屈，心理不平衡。

这一点可以理解，但我想说，教育不是交易，爱不是交换；教书育人是教师的工作，爱学生是教师的职责；没有爱就没有教育，爱是教育的起点，是教育成功的前提和保证。教师对学生的爱是世界上最纯粹的爱，不含功利，没有杂质，不带任何附加条件。

我很喜欢一句电影台词“我爱你是我的事情，与你无关”。让我们记住这句话，学生是否爱我们并不重要，重要的是我们爱他。如果能够做到这一点，内心就多了几分纯净，不再急功近利、患得患失，就不会再为学生一时的不理解而大伤脑筋、怨天尤人了，爱也就多了一份“我看青山多妩媚，料青山见我应如是”的自信、潇洒、大气与坦荡。

学生感受不到老师的爱怎么办？把心放宽，接着爱。

三、爱本无声

“爱”与“被爱”是一种心灵的交流，本不是喧喧闹闹、吵吵嚷嚷的事情。溢于言表、挂在嘴边、昭告天下、轰轰烈烈的是爱；沉于心底、见于行动的是更加深沉的爱。没有感激涕零的表现，没有感恩戴德的语言不一定没有感受到爱，深水无波，真水无香，作为教师，我更喜欢后一种爱！

有一个聪明的学生，为了卖弄自己的小聪明，上课经常接话茬儿、出怪声，扰乱课堂秩序，批评、谈话都不起作用。有一次他生病了，父母在外地打工赶不回来，我带他去看病，陪他输液，给他买饭，只有关怀没有要求，只有安慰没有批评。他一边输液一边喋喋不休、天南海北地和我神侃，从头到尾没说过一个“谢”字。他病好后，奇迹出现了，他变了，变得安静了、上进了、爱学习了。

我很高兴，他感受到了老师的爱。我更高兴的是，他用实际行动来表达自己的感激之情，这远比大喊一声“谢谢老师”来得真诚、彻底，因为对他来说，说一声“谢谢”太容易了，但改一个毛病太难了！

人是矛盾的结合体，更何况处于青春期的孩子呢？他们装酷扮靓，故作潇洒，张扬个性，心口不一。很多时候，他们本来对老师充满感激，但说出来的很可能不是“谢谢”，而是“早知道了”“好烦呀”。

学生感受不到老师的爱怎么办？爱本无声，让我们静下心来，在青春的躁动中聆听花开的声音！

四、爱需要尊重

很多老师不考虑学生的感受，以为“为你好”就是爱，于是“爱你没商量”，爱得那么霸道，那么专制，那么不近人情，以至于爱得学生喘不过气，让学生觉得没有自由和尊严，于是老师的爱不仅没有达到预想的效果，甚至会成为师生冲突的导火索。

有一个故事发人深省。和尚和屠夫两人是邻居，和尚每天早起念经，屠夫每天早起杀猪。为了不耽误功课，二人相约互相叫对方起床。几十年后，和尚和屠夫都死了，不同的是屠夫进了天堂，和尚下了地狱。理由是，屠夫每天叫和尚起来念经，而和尚却每天叫屠夫起来杀猪。这个故事告诉我们一个道理：有些时候，我们自己认为对的事情不一定对。反思一下，为什么我们全心全意地爱着学生，学生却不领情呢？也许是方法不恰当。

爱学生没有错，但教师不能一厢情愿、自以为是地爱，要做到“目中有人”，充分考虑学生的性格特点以及接受能力；不仅要做到“己所不欲，勿施于人”，而且对“己欲立”“己欲达”之事，也要认真思考，采取恰当的方式、方法去“立人”“达人”，否则就会事与愿违。总之，爱学生就要从学生的实际出发，让爱与尊重同行。

学生感受不到老师的爱怎么办？换一种方法，接着爱。

五、爱需要公平

孔子曰“不患寡而患不均”，老师对学生的爱也是如此。学生的心思非常细腻，也很敏感，很多时候，他们不是感受不到老师的爱，而是比较之后发现老师最爱的不是自己，于是满满的师爱就被这种不平之感抵消了。

两个学生都进步了，老师表扬的程度不同，学生的感受不同，比较之后学生觉得老师“爱他不爱我”。几个学生犯了同样的错误，老师的处理方式不同，对成绩好的学生轻描淡写批评几句，对成绩不好的学生抓住不放，没完没了；对班干部不闻不问，对普通同学一查到底……响鼓需要重槌，老师有老师的考虑，但学生并不理解老师的良苦用心，这一“槌”让学生感受到的不是爱，而是不公，于是爱衍生出的不是感恩，而是不解和怨恨。要克服这个问题，老师就要把一碗水端平，对学生一视同仁，做到“博爱众生”“众生平等”。

学生感受不到老师的爱怎么办？摒弃偏见，泛爱众。

六、爱需要不拘一格

学生的性格不同，家庭背景不同，对爱的理解能力、接受能力和反馈方式也不同。教师的爱也要因人而异，区别对待。

有一届学生，多数学生性格开朗，活泼好动，做事心浮气躁、毛手毛脚。怎么引导学生变得成熟、沉稳呢？

我发现学生小旭与众不同。小旭是一个品学兼优、少言寡语的女生，为人谦和有礼，行事沉稳老练，学习优秀而稳定。为了让学生们改变做事毛手毛脚的习惯，我想把小旭作为典型，在班里大加宣传，让同学们以她为榜样，所以，那一段时间我经常在班里表扬小旭。

有一天，小旭妈妈给我打来电话，说：“老师，您不要在班里表扬我的孩子了。她性格内向，胆小怕事，心事又重。您一表扬她就很紧张，担心同学们对她有看法，也担心以后做不好会让您失望，心神不宁，学习都受到影响了。”听了家长的话，我有些不知所措了。我表扬她是因为她优秀，她是我的掌中宝，是班级的领头雁，表扬中寄托着我对她的欣赏、鼓励和期待，没想到表扬反而给她带来如此巨大的压力。

怎么办呢？既然表扬没有起到应有的作用，那就立刻停下来。第二天，我把小旭叫到办公室：“你很优秀，我表扬你是发自内心的，你得到表扬也是实至名归，同学们也很喜欢你佩服你，不要因此而有压力。如果你觉得表扬给你造成了心理负担，让你感到不自在，那我以后就不表扬你了。但是，不要因为老师不表扬了就放松对自己的要求，或者产生失落情绪，你要继续优秀。当然，如果你退步了，我也会批评你的。”她感激地点点头，开心地走了。从那以后，她更努力也更优秀了。

这件事使我明白了一点：教师的爱要不拘一格，前进一步是爱，退后一步，让学生安心、自在、轻松、快乐地学习也是爱！

学生感受不到老师的爱怎么办？因人而异，区别施爱。

七、爱需要与时俱进

时代在发展，学生在变化，老师对学生的爱也要与时俱进，与时俱新。换言之，爱的方式、方法要不断更新、升级换代！

代沟客观存在，人类的特点就是“喜新厌旧”。但在科技飞速发展、新观念和新事物不断涌现的今天，我认为“代沟”一词已不足以表达师生间的差异，应该用“年沟”表述似乎更为恰当。学生天真烂漫、好奇、好学，他们喜欢新事物，是时尚的先知者、新事物的拥护者；而担负着传道授业解惑任务的教师呢，往往成为传统的维护者、时尚的后知者。于是，师生的思想观念、审美标准、行为方式、表达方法等都存在着巨大差异。

如果教师不能紧跟时代步伐，而是以不变应万变，用老方法对待新问题，用旧观念对待新学生，不管你多么真诚，都不可能取得良好的效果。这就好比两个人用不同的频率播送着“爱的宣言”，无论多么真诚，不管多么努力，对方都无法准确接收、正确解读你发出的信息。于是，老师们经常慨叹“现在的孩子越来越不懂事”“好话歹话都听不懂”，而这些以“新新人类”自居的学生呢，甩给老师和家长的永远是一句“奥特曼”[①]。

怎么办呢？作为新时代的教师，我们要不断地、主动地进行“心理调频”，更新自己的观念和方法，争取与学生“同频传输”，最好实现“并机直播”，做到无障碍沟通，使学生能够及时接收老师发出的爱的信号，老师也能准确接收学生爱的回应。

---

① 奥特曼，日本电视剧人物名字，与“out”谐音，意为学生调侃老师落伍、跟不上时代。

学生感受不到老师的爱怎么办？与时俱进，为爱保鲜！

八、爱需要引导

学习爱与被爱是人生重要的功课。很多人说现在的独生子女太冷漠、太自私，心中只有自己没有别人。我觉得这种评价有失公允，年轻人都有一颗火热的心，学生不是没有爱心，更不是铁石心肠，他们的冷漠只是一种假象。因为他们从一出生就被困在“爱的围城”里，成为爱的焦点，被爱淹没了，根本没有机会去爱别人，所以他们爱的基因休眠了。如何唤醒这沉睡的爱呢？就要教给他们如何去感受爱、表达爱、回报爱。

有的老师采取了“广而告之”的方法，明明白白地告诉学生“我爱你们，我愿意把自己的知识和才华都奉献给你们”，这样的做法有王婆卖瓜的嫌疑，学生不买账；有的老师做得比较含蓄，采取“互相表扬”的方式，班主任把每位任课教师表扬一番，任课教师也经常表扬班主任，但是这个方法也只在新生入学阶段或者老师个人遇到特殊事件时有效，说多了有时显得矫情，因为在学生眼里，老师是本来就是“一拨儿”的。

其实，培养爱心的方法很多。比如，教师引导学生阅读有关爱的文章，唤醒学生沉睡的爱心；利用母亲节、父亲节、教师节等节日召开主题班会，引导学生体会在自己生命旅程中得到的爱，让他们学会享受爱；举办一些以“爱与感恩”为主题的活动，教学生表达自己的感恩之情，启发他们思考如何感恩……

学生感受不到老师的爱怎么办？想方设法，寻找机会，教他爱。

九、爱需要全员参与

熟悉的地方没有风景，教师每天面对学生，学生容易出现“视听疲劳”，导致其对教师的教导充耳不闻。这就需要学校在高于班级的层面对学生进行教育引导，营造良好的教育氛围，把学校的精神理念灌输给学生。这种“居高临下”的教育形式能够起到汇聚力量、规范行为的作用。比如，我校利用“人文大讲堂”活动对学生进行感恩教育，专家声情并茂的讲解、现场高涨热烈的气氛，感染了每一名学生，唤醒了他们心灵深处爱的种子，心灵的坚冰融化了，我们欣喜地发现每一个学生都有一颗善感、仁爱之心。

还有些家长和学生，对老师的爱心产生怀疑，总认为老师爱学生是有目的的。这种思想不仅影响师生关系的正常发展，还会挫伤教师工作的积极性。怎么解决这个问题呢？除了以班级为单位的教育引导之外，全体总动员是行之有效的方法。

新生入学之时，学校召开一个新生家长会，从学校的角度用讲座的形式、局外人的口吻，就“师爱”问题进行讲解，明确告诉家长，严格要求就是对孩子最大的爱，希望家长理解、配合、支持老师的工作，并告诉家长怎样配合。这高屋建瓴、理智客观的讲解，家长更容易理解和接受。家长理解了老师，教育就变得简单了。

学生感受不到老师的爱怎么办？全局联动，构建爱的“立交桥”。让家庭有爱，班级有爱，校园处处充满爱。我们相信，一个沐浴在爱的阳光中的人，一定会成为爱的富翁，他们不仅会享受爱，也会奉献爱！

爱到深处无怨尤。教育就是播种爱的过程，让我们带上爱的种子上路吧，我们生命的旅途一定会花香满径！

你若晴天，他便安好

作为教师，我们热爱教育事业，心中装满学生。学生进步，教师笑逐颜开；学生退步，教师满面愁云。套用一句流行语描述就是“你若安好，便是晴天”。但是，身为教师，我想说，师生关系的常态却是“你若晴天，他便安好”。

教师皱皱眉，无言一声雷；教师微微笑，风吹花枝俏。教师是班级的晴雨表，教师的情绪能够影响整个班级的情绪。可以说，教师阴天，学生多云；教师晴天，学生灿烂！

一、给她一个和蔼的微笑，让她不再紧张

十几年前的一个下午，一名家长来到学校，吞吞吐吐地对我说：“老师，我有一个请求，不知道该不该说。”

“没什么不该说的，您尽管说，咱们的目标是一致的！”我说。

“您以后上课尽量少提问我的孩子。她胆小、内向、反应慢，您一提问她就紧张，不仅回答不好问题，连听课都受到影响。”家长小心翼翼地说出了自己的请求。

听了家长的话，我愣住了，半天回不过神来！其他的家长找我都是请求多提问、多关照孩子，怎么这个家长的要求如此与众不同呢？而且这个孩子很优秀，老师们对她寄予厚望。

我答应了家长的请求。家长一迭连声地说“谢谢”“抱歉”，还一再嘱咐我“千万不要告诉孩子我找过您”，然后忐忑不安地走了。

事后，我找几个同学了解情况。同学们说：“老师，您要求太严格，而且您上课的时候特别严肃，我们都有点儿怕您，尤其是上课回答问题的时候，特别紧张，越怕说错越容易出错，越想说好越说不好。有的时候，我们

都不敢抬头看您……”

如果说家长的话令我深感意外，那么学生的话就令我深受刺激！我怎么了？严格要求有错吗？指出错误有错吗？

经过反复思考，我明白了，教师严格，学生紧张，这都是正常的反应。但是，学生战战兢兢地上课，既不能安心听讲，也不能自由思考，学习效果当然大打折扣。

怎么办呢？我就此问题召开了主题班会，主题就是“说说心里话”。我向同学们做了“真情告白”，告诉他们严格要求的原因、上课提问的作用；也检讨了自己过于严肃、不讲方法的问题，请同学们说出自己的看法。

经过一节课的讨论，我和学生达成共识：科学来不得半点儿虚假，上课提问、指出错误是必须的，但老师不要把提问作为惩罚，也不要因为同学答错了问题就节外生枝、大加批评……

改变从我开始！从那以后，我不再板着脸讲课，也不再哪壶不开提哪壶，专找不会回答、不敢抬头的学生提问；学生答错了，也不再咄咄逼人地追问、批评，而是耐心地指出错误，鼓励、启发他们继续思考。

教师晴天，学生灿烂。当我带着微笑走上讲台的时候，学生也不再战战兢兢、僵硬、呆板。学生们心情放松了，思维活跃了，上课踊跃回答问题，而且妙语如珠、精彩纷呈。

这虽然是一件小事，但是它却成了我教学生涯的一个分水岭。从那以后，我努力改变自己的课堂风格，把急风暴雨式的课堂变得春风和煦，让我的课堂春风荡漾，让我的学生如沐春风！

老师们，你是春风，才能染绿江南岸，吹得百花开。让我们给学生一个和蔼的微笑吧，这会使我们的班级春意融融！

二、给她一个热情的微笑，让她不再冷漠

一个女生在高二文理分班时转入我班。她从初中起就在这个学校读书，很多老师都认识她。老师们对她一致的评价是“疯”，说她从初中起就谈恋爱。我虽然极力提醒自己不要被别人的评价所左右，但是随着了解的增多，

我对她也有了一些看法：学习不努力，每天黑着脸，难得有一个笑模样，冷若冰霜，拒人于千里之外。

很快，高二就在忙碌中过去了。这一年中，我们之间的谈话不少，关于早恋问题谈得最多。我们之间没有误解，但也谈不上理解；谈话虽没有产生冲突，但也没有起到作用。我和她之间仿佛隔着一层“厚障壁”。

后来，她报考了艺术院校，以优异的成绩通过了专业考试。接到专业成绩单的那天早晨，我走在校园里，她迎面走来，满面春风，大声地充满惊喜地说：“老师，我考上了。”她的眼里、嘴里、声音里满溢了甜甜的笑意，这笑是从内心深处流溢出来的，没有造作，没有掩饰。那弯弯的眉毛、灵动的眼神、整齐洁白的牙齿、微微翘起的嘴角是那么纯、那么真、那么美！这是我看到的最美的笑容，我被这笑容征服了。我忽然觉得，用“心花怒放”来形容当时的她再恰当不过了，心花开了，人变得真美！

这笑容深深刻在我的心中，每当我想到这个笑容，都情不自禁地咧咧嘴想找到这种甜美的感觉，可惜我找不到。同时这种笑也令我反思，为什么两年之中我没有看到过这种笑容呢？因为我戴着有色眼镜，没有给她创造“笑”的机会。换言之，我没有给过她灿烂的笑！

还记得《北风和太阳》的故事吗？北风使尽浑身解数，也没能吹走行者身上的棉衣；太阳用温暖的阳光，轻而易举地脱去了行者的棉衣。教师对待学生，要像太阳对行者那样，用爱的阳光去照耀他们！

老师们，向日葵为什么不对你绽开笑脸？因为你不是太阳！学生为什么不对你灿烂一笑？因为你不是太阳，而是北风，带给他的不是温暖，而是寒冷。让我们给学生一个热情的微笑吧，你一定会收获一个灿烂的奇迹！

三、给他一个鼓励的微笑，让他扬起自信的风帆

学校里必然有考试，考试自然会有成绩，而学生和老师都很在意考试成绩。面对并不理想的考试成绩，有的老师抱怨、指责，结果如何呢？教师唉声叹气，学生垂头丧气；教师悲观、失望，学生痛苦、绝望；教师愁云惨淡，班级黑云压城！

有一个老师非常苦恼，总认为自己班的学生不优秀。每次考试之后，她都把自己班的成绩和其他班进行对比，并把比较的结果告诉学生，最后还要说一句：“你们真不争气，我算是没有办法了！你看人家班，事事都比你们好……”一语成谶，果然，她的班级越来越差，人家的班级越来越好。

爱之深而责之切。这个老师是很敬业、很负责任的，但是她采取的方法不恰当，抱怨不仅没有改变事实，反而给了学生消极的心理暗示，使学生丧失了信心。试想一下，一个总是低头寻找阴影的教师，怎能指引学生找到光明呢！

经过几十年的历练，我渐渐地学会了管理自己的情绪。学生没有考好，我绝不垂头丧气，更不会悲观、失望，而会以昂扬的姿态和饱满的热情，微笑着走进班级，告诉学生：“知耻而后勇，一次羞赧的失败，远比一次骄傲的成功更有价值。请昂起你的头，下一次胜利将属于你。”如果学生考得很好，在鼓励、表扬的同时，我会微笑着、平静地提醒他们：“谁笑到最后谁笑得最好，不要被暂时的胜利冲昏头脑。”

当教师变得淡定、从容、乐观、自信的时候，学生也变得大气、从容、信心满满，他们不再为一次考试的成功趾高气扬，也不会因为一次考试的失败而妄自菲薄，他们能够保持昂扬奋进的斗志，快乐前行。

老师们，如果教师的心头云雾弥漫，学生的心中怎会有丽日晴空？一个鼓励的微笑，能助失败者走出自卑的泥沼；一个热情的微笑，能使胜利者层楼再上，登上成功的巅峰。

四、给学生一个明确的解释，让他们不再迷惑

很多人认为情绪是自己的，高兴不高兴是自己的事情，与别人无关，我不这样认为。作为社会的人，我们生活在群体之中，我们的情绪会影响周围的人。一人向隅，举座不欢，说的就是这个道理。而作为教师，尤其是班主任，在面对敏感、单纯的学生时，我们更要学会掌控自己的情绪，不要让不良情绪成为脱缰的野马，造成师源性情绪污染。

但是，教师也是人，作为芸芸众生中的一员，也有很多解决不了的难

题、排遣不掉的愁绪。那该怎么办呢？给学生一个明确的解释，让他们知道老师的情绪和他们无关！

那一年，我的母亲去世了，处理完母亲的后事，我带着疲惫和悲伤回到了学校。学生们看到我回来很高兴，眼里饱含着关心。但是十几岁的孩子没有经历过这类事情，他们不善于表达，也不知道该如何表达。于是，他们把对老师的关心化作了安静和服从，小心翼翼，轻手轻脚，不敢说也不敢笑。本该欢声笑语的课间安静了，本该轻松、活泼的课堂沉闷了。

多么善解人意的学生啊！为了打破这种局面，我利用自习课开了一个临时班会。我告诉大家：

“谢谢你们的关心和理解。人生就是一个过程，有相聚的快乐，就会有别离的悲伤；有诞生的惊喜，就会有逝去的痛苦。生老病死是自然规律，没有办法改变，唯一能做的就是珍惜，珍惜眼前人！请孝敬你们的父母，不要再以青春的名义叛逆……

“离别是人生的必修课。我的母亲走了，走完了她 88 年的人生，我很难过。但逝者已去，我们的生活还要继续……

“你们不要担心，我会爱护自己，也会尽快调整好自己的情绪；你们也不用如此小心翼翼，你们该说就说，该笑就笑，让我们的生活在微笑中继续……”

我的话说完了，学生们舒了一口气，教室里恢复了以前的轻松自在！

老师们，人有悲欢离合，月有阴晴圆缺。作为教师，我们有权利不开心，也不可能一年三百六十五日都是艳阳天。当我们陷入情绪的谷底，请不要忘记给学生一个解释，让他们少一分纠结，多一分安心！

胡适说，世间最可厌恶的事莫如一张生气的脸，世间最下流的事莫如把生气的脸摆给旁人看，这比打骂更难受。亲爱的老师，让我们把苦脸变成笑脸吧！我相信，当我们带着灿烂的微笑走进教室的时候，迎接我们的一定是灿烂的笑脸！

你若晴天，他便安好。愿您天天都是艳阳天！

没有不好，只有不同

看纪录片《看见·温柔的坚持》，我感触颇深。

故事的主人公成成是一个十三岁的男孩，一岁时被诊断为智力发育迟缓，难以控制自己的情绪和行为。父母不想送他进特殊学校，想让他和其他的孩子一样接受正常的教育，就交了昂贵的学费，送他进了一所私立小学。因为成成不被同学接纳，最后不得已进入吴淑美教授办的融合学校学习。

融合教育是一种在美国、加拿大等国都比较成熟的教育方式，它强调人与人之间的接纳和平等，让普通生和各种障碍生在同一课堂学习，给特殊生提供一个正常化的教育环境。在融合班里，成成和同学们一起学习，一起做游戏，受到尊重，获得快乐。半年之后，成成有了很大的变化，性格也温和了很多。

节目即将结束的时候，镜头闪过，我看到融合班教室的墙上贴着一句话“没有不好，只有不同”，我被这句话震撼了。由此我想了很多，想到了自己，想到了我的学生们，也想到了学生的家长……

一、提醒自己：师生不同，生生亦有不同

经常听老师们抱怨，学生叛逆、懒惰、不懂事、不争气，我自己也经常为学生不听话、不优秀而苦恼。看完这个节目，我在想：学生真的不好吗？

每天下午上课前的十分钟，是我们班的“每周一歌”时间。我希望学生唱一些激情昂扬的励志歌曲，可学生选的都是缠绵悱恻的爱情歌曲。哼哼唧唧，听不清词也找不着调，我认为不好！可我推荐的励志歌曲学生们不喜欢，他们认为不好！

反复思考后，我明白了：我和学生年龄不同，经历不同，审美情趣不

同，喜欢的歌曲自然也不相同！这就像老人爱听戏曲，孩子爱看动漫一样。没有不好，只有不同。师生喜欢的歌曲不一样很正常，不必把自己的意志强加给学生。更何况，现在是学生唱歌，不是我唱歌，最重要的不是我喜欢，而是学生喜欢。

道理想明白了，事情就好办了。我告诉学生："中午唱歌的目的是激发热情，振奋精神；合唱和独唱不一样，节奏明快、高低音适度的歌曲更容易把握。"讲明白道理，我把选歌权交给他们，让他们按照自己的兴趣去选，他们很高兴。

权利放下了，态度转变了，我带着欣赏的态度去听学生唱歌，发现他们选择的歌曲也很好听，而且渐渐地，他们选择的曲风也变了，变得欢快、明朗、昂扬向上！

清水出芙蓉，天然去雕饰。中学生处在人生的花季，这是人生中最美丽的阶段，也是最爱美的阶段。他们追明星赶时尚，你看中学生的发型，一阵是厚厚的沙宣，一阵又是短短的板寸，一阵是浓密"蘑菇"，一阵又是齐齐的"锅盖"。我告诉学生"不适合"，他们微微一笑，不置可否；我告诉学生"不好看"，他们面露不满，扬长而去。

有一次，学生们去电视台参加演出，我请来美发师给他们设计发型。我把自己的想法和要求提前告诉了理发师，可在学生们的要求下，年轻的理发师还是"违背"了我的意志。我有些不满意。但是，当学生们站在舞台之上，灯光亮起的时候，我发现，这个发型真的很漂亮。

我又一次明白，没有不好，只有不同。审美观既有个人的特点，也有时代烙印，强迫学生和我们一样是不可能的！

由此我也想到了自己的成长经历。我是天生的左撇子，但是拿筷子、笔却是用右手。因为小时候一家人吃饭，我的左手经常和别人的右手"打架"，家长要求我必须换成右手；初学写字，我本能地用左手握笔，受到老师的批评和同学的嘲笑，我立刻换成了右手。几十年过去了，右手执笔、持筷已成为习惯，但当年被迫改变的痛苦记忆依然十分清晰。

己欲立而立人，己欲达而达人，己所不欲，勿施于人。作为教师，我们切记，不能以自己为标准去评判学生。

龙生九子，子子各别。学生来自不同的家庭，有着不同的生活背景、成长经历和性格爱好，在学校的表现自然也会有所不同。教师在日常的教育教学中，要关注学生的个性差异，尊重差异，承认差别，平静地欣赏差异的美丽，努力做到以人为本，因材施教。

小明和小力学习成绩都很优秀，一次考试，他们的成绩都有所下降。我把他们叫到办公室，分析、寻找退步的原因。当天晚上，小明的妈妈打电话感谢我，说孩子回家特别高兴，没想到老师这么关心自己，以后一定努力学习。而小力好几天不高兴，他觉得被我批评很委屈。

一开始，我对小力很不理解，认为他曲解了我的意思。认真思考之后，我释然了。小明积极、乐观、开朗、活泼，不管遇到什么事情，都能从积极的角度去思考；而小力性格内向、心思细腻、胆小自律。同样的谈话，小明感受到的是关心，而小力体会到的是委屈，这很正常。这能怪学生吗？不怪学生，怪我自己，我忽视了学生的个性差异！

令人欣慰的是，虽然二人反应不同，但是效果都不错。小明因受到鼓舞信心大增，小力因自感委屈而决然奋起，两个学生都取得了很大进步。

没有不好，只有不同，教育的目的是成就学生。所以，在日常教育教学中，我们既要求同，更要存异，在纪律原则上要求同，在个性天赋上要存异。一刀切、简单化的做法，不能取得教育的成功。

二、告诉家长：孩子和家长不同，自己的孩子与别人家的孩子也不同

用自己的标准去评判别人，把自己的意志强加给别人，这些问题在家长身上表现得更为严重也更加普遍。

有一对博士夫妻，事业很成功，孩子的出生给他们带来了快乐，也带来了烦恼，而且，苦恼随着孩子的成长与日俱增。

他们都是学理科的海归博士，对孩子寄予厚望，制订了一整套教子计划，为孩子的人生发展制订了“最佳路线图”。可孩子似乎专门和他们作对：他们希望孩子学理科，孩子偏偏喜欢文科；他们越强调理科重要，孩子越抵

触反感，数理化成绩越来越糟糕。高中文理分科的时候，在学文还是学理的问题上，一家人意见分歧越来越大。家长怎么也不理解，他们怎么生了一个不喜欢理科的孩子呢？

我告诉家长："家庭不是复印机，孩子也不是你们的复印件。不要以为你们喜欢理科，孩子就喜欢理科。文科、理科只有不同，没有不好。你们喜欢理科很好，孩子喜欢文科也不错。只要孩子喜欢就可以了，学文、学理都是孩子的事情，家长需要做的是接受现实，成就孩子！"

都说庄稼是人家的好，孩子是自己的好，但在竞争激烈的今天，很多望子成龙、望女成凤的家长总是看着别人家的孩子好，动不动就说"看人家孩子成绩多好"，"看人家孩子考上了清华"，"看谁谁谁多努力"。家长的愿望是好的，希望通过比较激发孩子的斗志，但孩子最不愿意听这些话。还有的家长看到别人家孩子弹钢琴获奖就让自己的孩子学钢琴，看到别人家孩子练体育成为世界冠军就让自己的孩子练体育；自己的理想是上清华就让孩子考清华，自己的梦想是做医生就让孩子报考医学院……

有一个聪明的男生，刚入学时成绩不错，但是后来成绩一路下滑。原因何在呢？孩子说："我妈妈只喜欢我舅舅家的哥哥和姐姐，根本不喜欢我。她每天都说：'看你哥哥多好，回到家就学习，你赶上他一半就行了……看你姐姐多好，跳舞、唱歌什么都会，你就知道瞎玩，每天打篮球有什么用……'我告诉她：'我就这样，你看谁好就让谁跟你叫妈……'"正是家长的比较，使孩子产生了厌烦情绪和自暴自弃的想法。

如果总拿别人孩子的优点和自己孩子的缺点相比，不仅起不到应有的作用，还会挫伤孩子的自尊心，影响孩子健康成长。家长一定要明白：孩子不是家长的复制品，也不是家长的圆梦人！

三、告诉学生：她和你不同，你和她也不同

小梅和小雅住在同一个宿舍，但是两个人性格差异很大，经常为一些小事发生不愉快。

小梅长得高高大大的，说话粗声大嗓，办事风风火火，穿衣打扮、举止

做派都像个男孩子。她的优点是待人真诚、热情大度，天生一个乐天派；缺点是做事毛毛躁躁、粗枝大叶。小雅是一个十足的小淑女，说话细声细气，走路轻手轻脚，心思细腻，清高孤僻。她的优点是做事认真、严于律己；缺点是求全责备、多思多疑，天生一个多愁善感的“林黛玉”。小梅把换下来的衣服放在了小雅的床上，小雅不高兴了，说小梅没教养；小梅说小雅小家子气。小梅心无城府、简单、快乐，小雅说她“愣头愣脑 —— 傻”；小雅温柔、安静、追求完美，小梅说她“矫揉造作 —— 假”。

怎么办呢？在班会课上，我和学生们一起鉴赏卢梅坡的《雪梅》其一：“梅雪争春未肯降，骚人阁笔费评章。梅须逊雪三分白，雪却输梅一段香。”让学生们联系现实，谈谈自己对诗歌的理解，并以身边同学们为例，说说如何看待同学的优点和缺点。经过讨论，学生们认识到尺有所短，寸有所长的道理。每个人都是独特的自己，既不要妄自菲薄，也不要妄自尊大，与人交往就要懂得包容，学会取舍，避开他人的不美好，与其美好相遇。

下课后，我单独找小梅和小雅谈话，告诉她们：“人和人是不一样的，她和你不同，你和她也不同。存在即合理，不要总用自己的标准去衡量别人，更不要总用挑剔的眼光看待对方。求同存异、相互欣赏、优势互补才是人际交往的黄金法则。她不是一无是处，你也不是完美无缺。”我让她们在纸上写出对方的三个优点，写出自己的三个缺点，然后互相交换……

角度变了，认知变了，关系也随之改变了。后来，她们成为形影不离的好朋友，相互督促，共同进步。

四、告诉世界：每一块木头都能被雕成佛像

对于雕刻我是门外汉，但我很喜欢看雕刻作品，尤其是根雕作品。一个普通的甚至有些丑陋的树根，经过艺术家的雕琢打磨，化腐朽为神奇，就成了一件精美的艺术品。而根雕大师的高明之处，不在于大刀阔斧地雕琢、砍削，而在于按照树根本来的形状，顺势而为，因势象形，随方就圆，成就精品。

反观教师，我们是怎样“雕琢”学生的呢？很多时候，很多教师不是按

照学生的资质禀赋、个性特长、兴趣爱好去引领、教育学生，而是按照自己的理想、愿望去改造、重塑学生。确切地说，我们不像木雕、石雕的大师，而像捏泥人、抟面人、吹糖人的工匠。

当然，教师的出发点是好的，但是结果如何呢？

每一个教师都希望自己的学生优秀，而且每个人心中都有一个优秀生的标准——成绩优秀、习惯良好、遵规守纪、品德高尚……于是，这个标准就成了一个“模具”，我们千方百计地把学生装进“优秀生”的“模板”中，让他们成为优秀生的复制品。结果如何呢？教师倾情付出，学生竭力反抗，学生不开心，教师不满意，本该和谐的师生关系变得异常紧张。

有一个女生，举止大方，衣着得体，一双运动鞋永远崭新、雪白；床铺、课桌都收拾得整整齐齐；作业书写美观，试卷文面整齐，笔记条理清晰。如此严谨、勤奋的学生，却成绩平平。最不可思议的是，每到考试之前，很多同学借她的笔记复习，结果别人及格了，她却不及格。

原因何在？我认为是她太讲究了，把注意力都用到与学习无关的事情上了。我找她谈话，她非常有礼貌地听着，下决心改变，但是没有效果。

我认真观察她，发现她上课时多数时间在记笔记，根本没有认真听课，下课又没有时间复习，形成了恶性循环。我告诉她，上课的核心任务是听讲，掌握知识；不要有闻必录，记下重点就可以了。她按照我的要求做了，结果笔记没做好，成绩也没有提高。

我找来家长，希望家长助我一臂之力。家长说，孩子自理能力很强，穿衣打扮、收拾房间之类的事情从来不用家长操心，还经常提醒家长出门要关灯、锁门、带钥匙。家长慨叹：“天生一个操心的命。如果把这些心思都用到学习上就好了！”

我继续观察，认为家长说的有道理。她过于关注细节，本末倒置，轻重不分，导致学习效率低下。我告诉她，做人要分清主次，做事要讲究效率……她似乎理解了我的话，课桌不再整齐，作业不再工整，但成绩还是原地不动。

我意识到她的学习方法有问题，我的管理方法也有问题！我在反思，这个孩子真的一无是处吗？她有板有眼地生活真的没有未来吗？我是在塑造她还是在改造她？我是在成就她还是在摧毁她？

重新思考后，我用欣赏的眼光来审视她。她这么细致，做宿舍长如何？不妨一试。一个月之后，好消息传来，在她的领导下，宿舍成为文明宿舍，而她也因老师的表扬，变得更加快乐、活泼、积极、主动。

我不再阻止她记笔记，而是指导她记笔记、整理笔记，并让她检查同学们的笔记，检查的过程就是复习的过程，慢慢地，她由老师的“书记员”变成了同学的“小老师”，而记笔记——整理笔记——检查笔记就是她学习的“三部曲”。

每一块木头都能被雕成佛像。当我带着接纳、欣赏的眼光来审视她的时候，发现这个孩子优点多多：她做事慢，但有条不紊，且能持之以恒；性格慢，但温和、内敛、宽容、敦厚；说话少，但善于思考，心中有数。这是一个值得信赖的学生，我让她保管班费，她管得分毫不差；我让她负责考勤，她认真记录，从无遗漏！我在想：如果这个女生，做一个秘书、会计、档案管理员或文字校对员，一定非常杰出！

没想到，几年之后，大学毕业的她，真成了一名优秀的会计师！

面对性格各异、成绩不一的学生，只要我们了解学生的天赋，尊重学生的个性，遵守教育的规律，用心雕琢，就一定能够成功！

亲爱的老师们，没有不好，只有不同。我们一定要用宽阔的胸怀包容学生，用欣赏的眼光看待学生。果真如此，你会发现，每个学生都是一道亮丽的风景！

有事叫家长是否上上策

一个朋友打来电话："我快崩溃了，这一周被老师叫了三次。孩子刚刚上小学二年级，就敢不完成作业、上课玩玩具，而且口算速度很慢……我现在最怕接老师的电话了。"

朋友的话也许有些夸张，但在现实生活中，的确有一些教师，把"叫家长"当成杀手锏，一遇到问题就叫家长。结果如何呢？不仅没有取得良好的效果，反而把问题搞得一团糟。我个人认为，有事叫家长是应该的，但也要因人、因事、因时而异。

一、因人而异

家长的学识、经历、性格、爱好、理想、追求不同，对孩子的要求、教育孩子的方法也不同。教师要对家长进行必要的了解，然后再决定是否叫家长。

1.过分溺爱孩子的家长不能叫

猫到林中捕鸟，碰到一只猫头鹰。猫头鹰问猫："亲爱的猫大哥，你到哪里去呀？""我去林子里捕鸟吃。"猫答。"啊，猫大哥，千万别伤害我的孩子啊。""你的孩子长得什么样，我不认识你的孩子啊。""我的孩子呀，长得最漂亮。""知道了。"猫认真地回答，猫头鹰放心地飞走了。

猫在矮树丛中找来找去，鸟巢中尽是一些美丽的小鸟，猫都怕是猫头鹰的孩子而没有下口，最后，发现一群长得非常难看的小鸟，于是，猫放心地饱餐一顿。在回家的路上，猫又碰到猫头鹰。猫说："你放心吧，我没有吃你的孩子，我吃的是最丑的鸟。"猫头鹰回来一看，他"最漂亮"的孩子都不见了，窝里还有几根猫的胡须。

这个故事告诉我们一个道理，也可以说是一个朴素的真理：自己的孩子永远是最美的，孩子是父母的掌中宝。对孩子的缺点视而不见，护短包庇，是天下父母的通病。

都说不养儿不知父母恩，我倒认为是不养儿不知父母昏。对这些过分溺爱孩子的家长，还是不叫为好！那问题怎么解决呢？比较一下，选择一个相对理智的家长来学校就可以了。

2.性格过于火爆的家长不要叫

小 A 是一名高一男生，经常在课堂上玩手机，多次批评都没有效果。老师认为这既不利于他自己的学习，也影响了班级的正常教学秩序，就把家长叫到学校，想和家长商量解决问题的办法。老师先介绍了小 A 在学校的表现，哪知家长越听越气，当着老师的面打了孩子一巴掌。小 A 觉得很没有面子，当场和家长顶撞起来。父子两个吵得不可开交。

看着怒目相向的父与子，老师陷入了尴尬之中，不知道谈话该如何继续。劝家长别着急，还是安慰小 A 别生气？似乎都不合适。

本来不大的一件事情，却造成了如此严重的后果；叫家长的本意是解决问题，却把问题搞砸了。所以，教师在叫家长之前，一定要对家长的性格有所了解，对那些脾气火爆、易于冲动的家长，一定要三思而后“请”。

如果不慎请来了炸药桶一样的家长，我们该怎么办呢？

一个初中女生早恋了。班主任请家长来学校。当天下午刚上班，女生的父亲带着几分醉意来了：“告诉我，那小子是谁，我去管教管教他……你们这叫什么学校？怎么教育学生的？我孩子在小学时从来没搞过对象，怎么到你们这里就搞对象了呢？……”面对这样的家长，在这样的状况下，所有的语言都显得苍白无力，最好的办法就是倾听。他翻来覆去地说着醉话，直到孩子妈妈赶来把他拽走。

第二天，孩子的父母一起来到学校，酒劲儿过去了，理智回归了，家长和老师进行了友好而又富有成效的交流。

我们不能改变家长的性格，但我们可以选择家长的情绪点。

3.对孩子放任自流的家长不要叫

有一个学生经常不完成作业，老师叫来家长，希望家长多加关注。家长很不情愿地来到学校，听完老师的要求之后，很潇洒地说："老师，我以为有什么大事呢！不就是不写作业吗，我早就知道。孩子考不考大学无所谓，我们孩子他爸小学都没毕业，现在做生意赚大钱比谁都不差。我就这么一个孩子，不想让他太辛苦，也不想让他走太远，只要他健康、快乐就行了，您只要给看着别出事就行……"

家长急匆匆地来了又去，孩子得意地看着目瞪口呆的老师，教育以失败告终。教师叫家长前要先了解家长，对那些根本不在意孩子学习的家长不叫也罢。

4.正在与孩子对立、冷战的家长不能叫

一名学生因沉迷网络成绩下降，家长想尽各种办法都无济于事，只好剪断网线，锁起电脑。孩子不玩游戏了，但亲子关系变得非常紧张，家庭陷入冷战状态。孩子心情不好，来到学校也无心学习，在体育课上，因为开玩笑和同学发生冲突，老师因此叫来家长。

家长来到办公室，看到桀骜不驯的孩子，压抑已久的愤怒情绪爆发了，她一迭连声地指责孩子，述说自己的委屈。最后，孩子的情绪也失去了控制，当着老师的面和家长争吵起来。

老师叫家长原本为了解决问题，却成为点燃家庭矛盾的导火索，良好的初衷却换来一个尴尬的结局！

教师请家长来学校，最好先与家长沟通，达成一致意见之后，再让家长和学生见面。只有教师和家长目标明确，步调一致，才能起到教育作用。

二、因事而异

对教师而言，该不该叫家长还要因事而异，不能事事都叫家长，也不能无视家长的存在，把家长排斥在教育之外。

1.有些事情不要叫家长

（1）偶发小事不必叫家长。学生在学校学习，每天做很多事情，有些事情不必叫家长。比如，优等生偶尔上课开小差、学生打闹造成的小摩擦、学生心情不好顶撞老师，等等。这些鸡毛蒜皮的小事，既不是原则问题，也不关乎品德修养，叫家长就显得小题大做，对事情的解决也没有帮助，有时还会激化矛盾，所以，干脆不要叫。

体育课上，两个平时很要好的同学因为打篮球发生了小摩擦，相互推搡了几下。老师批评教育之后，他们都认识到自己的错误，相互道歉，和好如初。

但老师怕学生记仇打架，就打电话告诉了家长。双方家长一听孩子打架了，生怕自己的孩子吃亏，来到学校，先是问自己的孩子有没有受伤，接着就是互相指责。本来没有什么事情，叫来家长反而惹出了麻烦。

（2）因不良习惯导致的小问题不必叫家长。比如，个别学生上课说话、做小动作、不认真听讲等问题，是因为不良习惯造成的，叫家长也没有用，家长即便来充其量把孩子批评一顿。结果如何呢？家长不在课堂，孩子照样不认真听讲。解决这类问题还要靠教师自己，要精心备课，让课堂精彩起来，激发学生的兴趣，调动学生的积极性。

（3）家长控制范围之外的事情不必叫家长。家长是学生的监护人，但是有些事情在家长的控制范围之外。比如，对于住宿生不完成作业、不遵守作息时间、不按要求整理内务等问题，家长对此可谓鞭长莫及。因为住宿生绝大部分时间在学校，饮食起居、学习运动都在教师的管辖之内；孩子一周甚至一个月才回家一次，家长连嘘寒问暖、关心呵护都来不及，哪还舍得批评、指责呢？即使批评，也是隔靴搔痒而已，家长狠不下心，孩子也不当真，叫家长也起不到应有的作用。

2.有些事情必须叫家长

（1）因家校要求不一致造成的问题。因为家长和学校的要求不一致、家校沟通不到位、信息不畅通等造成的问题，教师要主动和家长联系，了解情况，统一思想。这类问题很多，诸如，学生大手大脚花钱，习惯性迟到、早退，抽烟，上网，等等。

有一次，一个学生迷上了手机上网，下课玩，上课玩，晚上熄灯之后还偷偷地玩。老师没收了他的手机，想等家长会的时候交给家长。可没过几天，这个学生又在上课时玩手机，而且是一部价值不菲、功能齐全的新款名牌手机。老师叫来家长才知道，孩子欺骗家长说手机丢了，家长为了联系方便又给孩子买了一部新手机。明白了事情的原委后，家长收回了新手机，孩子玩手机的问题得以解决。

（2）因家庭教育缺位造成的问题。一个男生经常因为睡不醒而迟到。他既不撒谎，也不找借口，每次都很坦诚地说："老师，对不起，今天又起晚了，明天不会了。"第二天他又睡过点了。再一再二再三再四之后，我只好叫家长了。

家长在外地做生意，孩子一个人住一套大房子。他告诉家长："你们放心吧，我能照顾自己。我一个男生怕什么？"可他其实并没有自己说的那么勇敢，每天放学回家，要把每个房间的门打开看一看再关上，甚至连冰箱、洗衣机都打开看看，孩子内心的恐惧由此可见一斑。看过之后，他把零食、水果、学习用具都拿进卧室，打开电视写作业，什么时候困了什么时候睡，经常开着电视就睡着了。因为晚上睡得晚，所以早上起不来，即便上闹钟也醒不了。

迟到是小事，孩子整天心神不宁是大事，这就必须请家长了。我告诉家长孩子的真实情况，建议家长要么回来陪孩子，要么把孩子带走，实在不行，就让孩子住宿。他们选择了住宿，事情得到了圆满解决。

（3）因家长教育方法不当造成的问题。如果家长教子方法不恰当，教师应及时与家长沟通，给家长支招献计。

有人开玩笑说，各行各业都要持证上岗，司机有驾驶证，教师有教师资格证，电工要有电工证，但是却没有人要求家长持证上岗。尤其是现在独生子女的家长，没有教子经验，他们在教育孩子的时候摸着石头过河，盲目而又苦恼。他们舍得给孩子投资，不怕在教育上花钱，就是希望孩子有一个美好的未来。

了解了家长的良苦用心，我们就要善待这个同盟军，如果家长的做法不恰当，不要抱怨、指责，要给他们支招献计，告诉他们该怎么做。

连续几天，一个住在学校附近的学生情绪低落，不回家吃饭。问他原因，他只说“我妈不给我做饭了”，至于为什么不做饭，他坚决不说。

和家长联系之后，了解了事情的原委。那天，他刚洗完澡还没有穿衣服，妈妈进来送水果，弄得孩子很尴尬，当时就和妈妈吵了起来，要求尊重他的隐私，以后进房间要敲门。妈妈觉得很委屈，双方互不相让，一时僵持起来。

如果不考虑青春期孩子的心理特征，这就是一个十足不懂事的孩子；可如果从青春期的敏感、自我觉醒的角度去看，孩子的过激表现又是可以理解的。我把家长叫来，告诉家长青春期孩子的心理特点，给家长提出了几点建议。家长听从了我的建议，事情得到圆满解决。

（4）学生举止反常必须叫家长。一个一向懂事的男生，某天上课顶撞老师，还拒不承认错误，双方僵持不下。孩子的表现太反常了，我没有贸然处理，而是把家长请来。

来的是他年近七旬的奶奶。奶奶说：“孩子很可怜，他不到三岁的时候，父母就离婚了，从此再没见过妈妈，爸爸在外地工作，父子见面不多。他一直和我们生活，虽然祖孙之间交流很少，但孩子非常懂事。最近他爸爸要结婚，孩子情绪不好，希望老师多原谅。”奶奶慈爱地拉着他的手，没有一句批评，但他已经泣不成声。

问题的症结找到了，解决的方法也就找到了。我告诉他：“多理解家长，爸爸有权追求自己的幸福，而且爸爸的幸福也是奶奶的幸福，也是你的幸福……”

孩子想明白了，心结打开后，问题就解决了。他给老师道歉之后，搀着奶奶回家了。

（5）学生生病或者受伤必须叫家长。如果学生突发疾病或受伤，教师应全力救助，并在第一时间通知家长。

一名学生课下玩耍的时候扭伤了脚，脚腕肿了起来。他既怕家长担心，也怕家长批评，不让告诉家长。我带他去医院检查诊治之后，打电话告诉了家长，并告诉家长问题不大，不要着急，路上注意安全，来了之后不要批评孩子。

我认为，孩子生病了，及时通知家长，这是教师的责任，也是教师的义务。

（6）学生取得进步、获得成功可以叫家长。需要特别强调的一点是，教师要走出思维定式，不要只报忧不报喜。学生出了问题可以叫家长，做了好事、取得了进步、获得了成功也可以叫家长。让家长分享孩子的成功，感受做家长的荣耀。一句话，教师也可以做一只报喜鸟！

期中考试，一名学生的成绩取得了进步，我打电话给家长，报告了这个好消息，请他总结教子经验，在家长会上和大家分享，家长和孩子都很受鼓舞。

一名因成绩平平而自卑的学生拾金不昧，失主送来感谢信，为最大限度地激发他的上进心，萃取正能量，我把家长请来，让家长和孩子一起感受这份荣耀。

三、因时而异

其实，生活中的很多事情本身无所谓对错，关键在于时间，只有在恰当的时间做恰当的事情才会取得理想的结果，叫家长也是如此。

1.换位思考，考虑家长的时间

时事艰难，理解万岁。在社会竞争日益激烈的今天，家长们很不容易。教师请家长来学校要考虑家长的具体情况。对于农民，农忙时不合适；对于工人，工作日不合适；对于商人，节假日、交易高峰时不合适。

有一次我开家长会，一个家长让孩子捎来一张纸条，纸条上潦草地写着一行字：“老师，我今天要去赶集卖小猪，没有时间去开家长会。”

初看这张纸条，我着实有些不理解，好糊涂的家长啊！简直轻重不分，是孩子的教育重要，还是卖小猪重要？但是转念一想，又理解了家长。小猪的价格起伏不定，像坐着过山车一样狂涨狂跌，今天有人疯抢，明天就可能无人问津。错过了机会，一年的辛苦就白费了。

还有一次，下午四点开家长会。四点半时候，有两个家长匆匆忙忙地走了。因为这两个家长来自郊县，最后一班车是下午五点半。从学校到长途车站需要一个小时，从车站到县城要两个小时，再从县城到家要半个小时。看着家长匆匆离去的背影，我的内心生出几分惭愧，往返七八个小时，却只开了半个小时的会，家长能没有怨言吗？

我的班级住宿生和走读生各占一半。住宿生多数来自郊区、县，家离学校都比较远，开家长会的时间就需要仔细思考了。如果上午八点开会，远道的家长来不了；如果下午三四点以后开会，远道的家长又回不去。走读生的家长多数是上班族，正常工作日开，家长需要请假。经过仔细思考，我把开家长会的时间选在周日中午。虽然牺牲了自己的休息时间，但是方便了家长，达到了目的，这种牺牲值得。

家长是教师的同盟军，了解家长的心理，体会家长的甘苦，设身处地，换位思考，才能与家长进行良性沟通，共同为孩子打造温馨、和谐的生活和学习环境，让学生健康成长，快乐学习。

2.周密安排，考虑自己的时间

叫家长的时机是否恰当，不仅要考虑家长的情况，还要考虑教师自己的情况。我认为，以下三种情况不能叫家长。

（1）教师没有时间不要叫家长。一个老师给学生家长打电话，要求家长来学校一趟。家长问明天上午是否可以，老师不加思考地说“可以”。老师忘记了明天上午除了上两节课之外，还有两节课的教研活动，根本没有时间接待家长。

第二天，上课、备课、和学生谈话，老师忙得晕头转向，早把约家长来学校的事情忘光了。

可是家长没有忘。家长放下工作，早早地来到学校，门卫不让进，给老师打电话没人接，一节课过去了，两节课过去了，家长的心情由平静变得焦急，由焦急变得气愤。等到中午放学，憋了一肚子气的家长才见到老师，谈话效果可想而知。

有鉴于此，我建议教师在叫家长之前，要先看看自己的工作安排，有时间接待就叫家长来，没有时间接待就不要叫家长来。守时践诺就是对家长的尊重!

（2）教师盛怒时不要叫家长。多数时候，教师请家长来学校是因为学生出了问题，此时师生关系或许比较紧张，教师的情绪比较激动。我认为，这种情况是不适合叫家长的。

一名学生连续旷课，不服从管理。老师非常气愤，没想清楚怎么处理就把家长请来。一开始，家长很理智，批评孩子，替孩子道歉。但是老师的情绪过于激动，不依不饶，使家长的情绪也受到了影响，给解决问题带来了麻烦。

冲动是魔鬼，请家长是为了解决问题，不是为了赌气、撒气，所以，教师要学会控制自己的情绪，如果不能控制自己的情绪，就暂时不要请家长来。

（3）教师没做好准备不要叫家长。凡事预则立，不预则废，叫家长也是如此。

第一，教师要调整自己的心态，控制自己的情绪。从主观上讲，任何一个家长都不愿意孩子犯错误，都希望自己的孩子遵规守纪、成绩优秀，所以，孩子出问题不等于家长出问题，教师不要迁怒于家长，不要动不动就说“你们怎么教育的孩子”，“你们不管我也不管了”。这样的语言除了增加自己的消极情绪、激化矛盾之外，于事无补。

第二，教师要明确目的，请家长是为了解决问题，不是为了推卸责任和发泄怨气。有些教师认为，只要把学生的问题告诉家长，自己就没有责任了。这种想法是幼稚的，因为只要学生在名册上，只要问题还没有解决，这份责任就在教师肩上。

第三，教师要认真了解情况，掌握第一手材料，不要给家长一些似是而非的信息。

有一次，一个朋友向我抱怨：“现在做个家长真不容易。孩子的班主任经常打电话，每次都说‘您的孩子最近好像情绪不好、似乎有什么心事、我觉得孩子似乎不太对劲儿……’等我风风火火赶去了，老师又说没事了。这个老师说话也太不靠谱了，你弄明白再说……”

我告诉他：“老师这样做，是对孩子负责。‘好像’是婉转的说法，其实就是发现了事情的苗头，真等弄明白了，出了问题再来解决，那就晚了。”朋友虽然认同我的说法，但还是觉得老师应该弄清楚事情之后再叫家长。

四、怎么叫家长

叫家长看似很简单，其实也有一些需要注意的问题。

（1）注意方式、方法。叫家长来学校的方式主要有两种：教师通知或者学生通知。

在通讯发达的今天，教师直接打电话，发短信、微信给家长，是最简单、最常用的方法。

有些事情也可以让学生自己通知家长。比如，因为学生表现优秀请家长，最好让学生自己通知，他会产生强烈的自豪感，这种自豪感会变成学习的动力；平时表现不错的学生因为冲动犯错需要请家长，也可以让学生自己告诉父母，汇报的过程就是一个反思的过程。

当然，如果是急事、大事、尴尬的事就不要让学生自己说了。

（2）注意语气、态度。家长和教师是平等的，教师打电话通知家长来学校，不要摆出一副居高临下、盛气凌人的姿态，也不要用行政命令的语气。

一个学生没完成作业，老师打电话让家长立刻来学校。家长问明原因之后对老师说：“我正在开会，下午去行不行？”老师说：“不行。如果你们家长都不拿孩子当回事，那我就不管了……”老师的话刺激了家长，很简单的一件事变得复杂起来。

人在江湖身不由己，家长也有家长的情非得已，老师要摆正自己的位置，体谅家长的难处！

五、如何接待家长

（1）尊重家长，实事求是。家长来到学校之后，教师要把学生出现的问题实事求是地告诉家长，有一说一，不要夸大事实；要给家长说话的机会，并认真听取家长的意见；和家长一起商量、寻找解决问题的办法。

（2）因人而异，多加指导。在和家长谈话过程中，教师要关注家长的情绪变化，考虑家长的心理感受，用家长能够接受的方式与家长沟通。

一个初二学生的家长风风火火地找到我，说孩子不喜欢数学，尤其不喜欢代数，让我和孩子谈谈。

“孩子的成绩很糟糕吗？”我问家长。

家长立刻反驳说：“我的孩子学习很好，在年级排前 20 名（这个年级有 1000 多名学生），以前数学经常考满分，最近的几次小测都是 90 多分。我本想给她报一个课外辅导班，她不去，说自己能学好。这个周末，我就去书店给她买了一大摞练习册，把代数方面的练习册都买来了，让她每天写完作业之后，再做一套数学题。开始两天还认真做，昨天是周日，她写完作业就看电视，说什么也不做了，最后和我吵了起来，把练习册扔了一地……”

看着家长时尚而略显职业的打扮，听着她演讲一般的述说，我猜想她应该是一个非常强势的母亲，这样的家长不容易接受别人的意见。

我平静地岔开话题：“这套黑色的职业装穿在您身上很漂亮，是工作需要，还是个人喜好？”

她说：“职业装是工作需要，黑色也是我的个人喜好。”

“为什么不穿鲜艳一点儿的颜色，比如，红色？”

她笑了：“我从来就没有穿过红色，也不喜欢红色。”

“越是不喜欢越要穿，我建议你从今天开始，每天都穿红色的衣服。从里到外、从头到脚都穿红色，直到你爱上红色为止。”

家长说：“那怎么可能呢？我会更加讨厌红色，会崩溃的。”

“既知如此，为什么用这种方法对待孩子呢？她不喜欢代数，你就强迫她每天做代数，其结果是爱上代数，还是更反感代数呢？她会不会因此而崩溃呢？”

家长恍然大悟了！

看着家长远去的背影，我觉得她就是一个任性的大孩子。

教师和家长沟通，要做到有礼有情有分寸，有根有据有眼色，不要自顾自地说个没完。宣泄式的控诉、倾诉式的表白、赌气式的通牒都不利于问题的解决。

一个学生很顽皮也很叛逆，多次违反纪律。每次都是他妈妈来学校，她除了流泪、叹息之外别无办法。

学生又一次违纪了，我打电话叫来他父亲。他父亲是一位检察官，见到孩子只说了一句话："跟我回家。"

过了几天，他妈妈把他送了回来。结果如何呢？没有任何改变。

我和家长联系，询问孩子在家反思的过程。他妈妈说："他爸爸脾气很大，在家里说一不二，把孩子领回家之后，就让孩子在房间里反省，除了吃饭、上厕所之外，不能出屋，并且告诉家里人谁也不要理他。昨天，他爸爸出差了，我和他谈了谈，批评了他几句，就把他送过来了。"

"他爸爸一直这样教育孩子吗？"

"是的。只要孩子犯了错误，就让他回屋反省。他小时候很害怕，不一会儿就在屋里大哭大喊'我错了，让我出去'，现在大了，你关他半个月都没事。"

"房间里有电脑吗？有电视吗？有书吗？有手机吗？……"对我这一连串的问题，她的回答都是"有"。

我又一次把他父亲请到学校，告诉他："这种检察官审案式的教子方法不太恰当。第一，一个高中生已经学会了享受寂寞，这种'隔离反省'对他构不成任何心理威胁，孩子和你的审理对象是不一样的；第二，他了解你的工作状态，你经常加班、出差，在家里顶多待三两天，你一走，他就解放了；第三，房间里电脑、电视、图书、玩具一应俱全，对不爱学习的他来说，等于一个小长假而已，他乐得逍遥……"

家长若有所悟地说："您说得有道理，他的确没有进行认真反思。有一天夜里一点多，我听到客厅里有电视的声音，推门一看，他正在乐滋滋地看欧洲杯足球赛。"

家长不是教育的行家，简单地把学生移交给家长是不能解决问题的。

（3）慎对家长提出的要求。家长来到学校也会给教师提出各种建议和要求，我们要认真对待。

两个学生玩耍，一个学生的胳膊扭伤了。受伤学生的家长来到学校，要求见见那个“肇事”的学生，老师没有多想就叫来了那个学生。没想到是家长扬手就是一巴掌。对方家长本来态度很好，这一下可不干了，问题随之升级。

事不关己，关己则乱。看到孩子受委屈，家长很容易失去理智。所以，对家长提出的要求，教师要认真思考。尤其是同学之间发生矛盾，在没有处理解决之时，教师不要让家长见对方的孩子，也不要让双方家长直接见面，更不要让家长私下里解决。

家长是孩子的监护人，是教师的同盟军。家庭和学校好比飞鸟之双翼，缺一而不可。教师遇到问题叫家长是必要的，但不可过多、过滥，要因时、因事、因人而异。因为叫家长不是第一招，而应该是最后一招！

遇到问题叫家长是否上上策呢？当叫而叫为上上策，不当叫而叫就是下下策！

第三辑

精进，让自己更优秀

做一个善于思考的人

一名优秀的教师固然需要才华和勤奋，但更需要思考。只有养成思考的习惯，才能够取得教育的成功。我们要学会思考，做教育的有心人。

一、思考什么

思考学生。教师只有了解学生，才能找到管理学生的方法，所以，开始工作之前，必须对学生进行必要的了解和研究：他是谁？来自哪里？有什么特点？会出现什么问题？

关于这一点，圣人给我们做出了榜样。《论语》中记载了孔子和弟子的一段对话："子路问：'闻斯行诸？'子曰：'有父兄在，如之何其闻斯行之？'冉有问：'闻斯行诸？'子曰：'闻斯行之。'"

对同样的问题，孔子为什么给出完全不同的答案呢？因为子路好勇过人，有时不免轻率，所以孔子告诉他，有父兄在，怎么能够听到就去行动呢？要征求一下他们的意见。冉求是一个犹豫、退缩的人，于是孔子鼓励他立刻行动。孔子真正做到了因材施教，而因材施教的前提是对每个学生的透彻了解。作为教师，别人的经验不能代替你的思考，你必须对自己的学生进行研究，了解"这一个""每一个"。

有些老教师会问："我自己积累的经验可以用吗？"当然可以，但是要结合现实的情况有选择地用。因为以往的经验不一定适合现在的学生，昨天的方法不一定适合今天的问题，所以教师的思考不是一劳永逸的，而是伴随整个教育过程的。

仍记得 1985 年我初登讲台时，和学生很亲近。学生说："老师，你好漂亮！"这个"好"字，令我百思不得其解："好"是形容词，在这里做程度副词用，符合语法规范吗？到了上世纪80年代末，港台影视剧风靡一时，我才明白，原来港台影视作品里年轻人都是这样说话的：“你好漂亮，你好好漂亮。”我刚刚明白了“好”字的含义，却不知从何时开始，学生的口头禅又换了，换成了“哇噻”这类惊叹词了。再后来呢？网络语言流行开来。有一天，我拿着一个东西上楼，一个学生跑过来，问：“老师，你拿的什么东东？给偶看看哦！”从这些流行语可以知道，学生永远是与时俱进的，如果教师不研究今天的学生，就不能与学生进行有效的沟通，也就不可能取得良好的教育效果。

思考自己。教育是一项极具个性化的工作，教师的性格习惯、理想追求、说话方式等都会渗透在自己的工作之中，潜移默化地影响着学生。因此，要取得教育成功，教师必须了解自己：我是谁？我有什么特点？我的目标是什么？

知人者智，自知者明，人贵在有自知之明。但我们最不容易了解的就是自己。记得初为人师的那几年，学生总是围着我叽叽喳喳说个不停。我却很羡慕老教师，羡慕他们的从容、淡定，羡慕他们的“不怒自威”。怎样使自己更有“威严”呢？我开始模仿老教师。我发现很多老教师留短发，穿单色衣服，我认为那样才显得老成持重，于是我也剪短头发，穿上单色衣服，结果呢？装出来的老成持重根本没有用，学生依然像一群快乐的小鸟，围着我说个不停。就这样，我非常苦恼地走过了自己的青春年代。

不知道从什么时候开始，我的身边变得安静了，没有了叽叽喳喳，没有了前呼后拥，学生见到我只剩下两句话：“老师好！”“老师再见。”面对这礼貌周全的问候，我感到有些失落，觉得自己和学生之间似乎隔着一道无形的墙，有着深深的隔膜。怎么办呢？山不过来，我过去好了；学生不走近我，我走近学生好了。于是，我开始寻找走近学生的机会。

有一天，一群学生围成一圈踢毽子，我“欣然前往”，对他们说：“我和你们一起踢。”话音刚落，几乎所有学生同时垂手而立。学生说：“老师，您请。”为了使学生们放松心情，我说：“你们放松点儿，我水平很高的。”学生说：“我们挺放松的，您先踢。”说着，把毽子扔给了我。我拿起毽子朝着平时和我打交道较多的两个学生踢了过去，结果呢？他们身子一闪，毽子落地了。毽子落在地上，也砸在了我的心上，促使我思考了很多。我明白了，隔在我和学生之间的那道墙就是年龄，初登讲台时，我比学生大不了几岁，学生对我亲近有余而尊敬不足；而现在我与学生家长的年龄相差不多，学生对我尊重有余而亲近不足，这是情理之中的事情。

其实，每位教师都有自己的特点，每个阶段都有属于这个阶段的特点，年轻教师富有热情，充满朝气，很容易走近学生，赢得学生的理解；中年教师年富力强，经验丰富，很容易赢得学生的信任；老教师呢？满头白发，和蔼亲切，自然会受到学生的尊重。所以，我们最重要的事不是仰视别人、模仿别人；而是反观自己，了解自己，找到适合自己的方法。

思考时代。时代在发展，观念在更新，教育的对象、目标和面临的问题也在不断变化。教师必须与时俱进，研究新问题，寻找新方法，才能取得教育的成功。

从 1985 年到现在，我教书已经 30 多年。30 多年弹指一挥间，但是 30 多年的变化却如天上人间。

30 多年前，我们的经济水平普遍偏低，很少有孩子“炫富”“拼爹”，当然也很少有孩子“仇富”“怨爹”。那时，学校有蒸箱，带饭的师生可以用它热饭。中午放学，孩子们打开从家里带来的饭盒，热腾腾、香喷喷，你家白菜粉条，我家粉条白菜，不用看不用比，大同小异，个个满足。现在不同了，且不说孩子穿什么、吃什么，单看校门口接送孩子的车就让人眼花缭乱，真是没有最好，只有更好。这一道风景在带给一些孩子满足感的同时，也使有的孩子心理失衡。

30 多年前，两个孩子在学校打架了。家长来到学校，先给老师道歉，然后各自批评自己的孩子；现在呢？有些家长来到学校，先问自己的孩子是否受了委屈，然后相互指责，最后对老师说：“老师，我们孩子肯定不惹事，而且很脆弱，您不要批评我们孩子，否则……”

30 多年前，电话是一个高端大气上档次的物件，令普通百姓望尘莫及；十几年前，电话走进寻常百姓家，在班会课上，我专门讲过接打电话的礼仪知识；现在，人手一部手机，我最为苦恼的是“如何让学生少玩手机”。

30 多年前，不管是农村还是城市，孩子们以上大学为荣，人们视高考为唯一出路，学生、家长、老师很容易形成合力，拧成一股绳；今天则不然，成功的路有千万条，参加高考、出国深造、子承父业、自主创业，每一条都是通衢大道，选择多了，苦恼也相应增多。

30 多年前，大学毕业生是香饽饽，考上大学等于端上了金饭碗；今天，大学生遍地都是，就业难，难就业，毕业即失业，成了困扰大学生的一个大问题。作为教育工作者，作为学生人生道路的引领者，我们不能无视这个问题的存在，躲进教育的象牙塔里“自说自话”。

世异则事异，事异则备变。任何脱离时代要求的教育都不会取得成功。

教师只有做到了以生为本，以己为本，与时俱进，才能取得教育的成功。

二、什么时间思考

三思而后行，做事之前多思考。教师在开展工作之前要全面、细致地思考：做什么、怎么做、达到什么目的、出现问题怎么处理。只有思考清楚这些问题，才能做到心中有数，做起事情来才能按部就班、有条不紊，摆脱“遭遇问题——解决问题——再遭遇问题——再解决问题”的被动应付状态。

其实，学校工作是具有周期性、重复性和规律性的，常规工作占到 80%，只要稍作思考，订出计划，工作就会变得简单、有序。以高中为例，高一新生入学，当务之急是“适应”问题。学生不适应新学校、新老师、新同学和新的学习内容。教师的第一要务就是引导学生尽快适应，要告诉他们学校的规章制度、班级的目标要求、与人相处的方法原则、教师的性格习惯以及对学生的要求期待，等等。让学生做好心理准备，从容应对，主动适应，完成心理升学，实现平稳过渡。

进入高二，“激情缺失”的现象会普遍出现。师生之间非常熟悉，同学之间非常了解，熟悉的地方没有风景，新鲜感和陌生感都没有了，代之而来的是激情缺失。激情减弱了，精神涣散了，各种问题随之出现。怎么办呢？有经验的教师会在这种现象出现之前，利用学校组织的大型活动，及时为班级注入激情。

进入高三，高考临近了，焦虑情绪产生了。怎么办呢？教师要多关注学生的心理，加强心理辅导，使学生保持良好心态，顺利迎考。

这些都是工作的节点，是共性问题。如果教师能够提前进行思考，做出计划，就能做到防患未然，节点就会变成契机，否则这些节点就会成为工作的羁绊。

思行结合，做事之中要思考。在日常工作中，教师面临的最大考验不是常规性的问题，而是突发问题。

什么是“突发问题”呢？就是突然出现的意料之外的事情。因为突然出现没有思想准备，所以思考就显得尤为重要。

当突发问题出现时，教师首先要做到“三个管住”：管住自己的嘴，没有经过思考、可能伤害学生自尊心的话不要说出口；管住自己的手，不论多么生气，不论出于多么良好的动机，都不要对学生进行人身伤害；管住自己的心，不要冲动，保持理智，冷静思考，思考一下问题的来龙去脉，寻找解决问题的最好办法。

一名平时表现很好的学生考试作弊了，我很气愤，思考之后决定找他谈谈。我问他：“这次成绩进步很大，是什么原因？”他平静地回答：“我用了您给我介绍的学习方法。”这太出乎我的意料了，怎么办？我提醒自己要冷静，不能发火。于是，我高兴地说：“太好了，好好总结一下，在班会课上给大家介绍一下经验，和同学们分享你的进步。”他答应了，但是迟迟不写经验材料。在我一再催促之下，他终于说出了自己作弊的经过，承认了错误。

看着他尴尬、懊悔而又痛苦的表情，我问：“这几天过得好吗？”

他说：“不好。吃不下，睡不着，上课也听不进去，一见到您就很紧张。”

“你知道自己为什么这么难过吗？”我问。

“因为我做错了。”他不假思索地回答。

“做错了就痛苦吗？你看有些杀人越货、罪大恶极的犯罪分子，在未受法律制裁之前，不是照样花天酒地地生活吗？为什么他们不难过呢？”我继续问。

“他们心理素质好。”他肯定地说。

“这不是心理素质的问题，这是道德品质的问题。他们道德败坏、品行恶劣，所以，坏事做尽还能心安理得。而你品德高尚，思想纯正，你是好人，好人是不能做坏事的，做了坏事会很痛苦。不用别人来批评、指责，你自己就不能饶恕自己了。要想快乐，唯一的办法是做好事，做好人。知道你为什么难过了吗？”我真诚地说。

他抬起头来：“知道了，因为我是好人。”

“知道以后应该怎么做了吗？”我问他。

他郑重地点点头说：“知道了。做好人，做好事。”

又该考试了。考试之前，我巡视教室，走过他身边时，我放慢了脚步，他抬起头小声说：“老师，放心吧，我是好人！”

我笑了，我知道，这是最响亮的誓言、最有效的承诺！

驻足回眸，反思总结。我很喜欢《再也不能这样活》这首歌，尤其喜欢它的歌词。“春夏秋冬忙忙活活，急急匆匆赶路搭车，一路上的好景色没仔细琢磨，回到家里还照样推碾子拉磨。闭上眼睛就睡，张开嘴巴就喝，迷迷瞪瞪上山，稀里糊涂过河。再也不能这样活，再也不能那样过，生活就得前思后想，想好了你再做。生活就像爬大山，生活就像蹚大河，一步一个深深的脚窝，一个脚窝一支歌！”它用朴素的语言道出了一个生活的真理——生活需要思考。

作为教师，我们更要养成思考的习惯，不仅事前要思考，事中要思考，事后也要思考。及时反思，合理归因，做到知其然，更知其所以然。对于做得不好的事情，我们要反思，找到失败的原因，使以后的工作更加顺利，让失败成为前进的垫脚石；对于做得好的事情，我们要“正思”，找到成功的原因，使以后的工作更加完美，让成功变成我们前进的阶梯。

教师只有做到了“吾日三省吾身”，才能走进人生的快车道，以加速度成长。

老师们，这个世界不是有钱人的世界，也不是有权人的世界，而是有心人的世界！让我们努力思考，做教育的有心人，哪怕做一根苇草，也要做一根有思想的苇草！

做一个胸怀宽广的人

雨果说，比大地更宽阔的是海洋，比海洋更宽阔的是天空，比天空更宽阔的是人的胸怀。

从生物学角度看，人的心脏只有拳头大小，但这颗心的容量却无限大。教师要不断地锤炼自己，开阔自己的心胸，使自己成为心胸宽广的人！怎样成为心胸宽广的人呢？

一、接纳学生

作为教师，我们没有权利选择学生，唯一能做的就是接纳，无条件接纳，接纳全部学生，接纳学生的全部。

不嫌弃。有一年，开学一个多月，班里转来一个男生。他个子矮小，面黄肌瘦，衣服破旧，蓬头垢面，怯生生地跟在家长身后。经过了解我才知道，他一直和母亲生活在农村，前不久母亲因病去世，只好进城和父亲一起生活。

从同学们惊异的目光和安排座位时同桌的表情，我就感觉到同学们对他的排斥情绪了。怎么办？我要给学生们做出接纳的榜样。课间休息时，我主动和他聊天；课外活动的时候，我热情地把羽毛球拍塞到他手里，和他一起打球；外出春游，我把他划入我的小组……当然，必要的提示还是有的，而且是悄悄说的：该洗澡了，该理发了，该剪指甲了，该换衣服了……慢慢地，孩子从丧母的悲痛中走了出来，生活习惯也有了很大改变，适应了新同学、新班级、新学校，成为一个快乐、阳光、受大家欢迎的学生！

作为教师，我们无法弥补学生缺失的母爱，但是，我们可以给他一些关心，让他感受到温暖。

一个真正的教师怎么忍心责备一个没娘的孩子衣衫不整、蓬头垢面、“没有教养”呢？

不推脱。父母都希望自己的孩子健康，教师都希望自己的学生健康。但是，上天却偏偏剥夺了一些孩子的健康，遇到这样的孩子我们该怎么办呢？我认为教师要有担当。

新生入学报到，有一个家长把孩子送到教室之后，迟迟不肯离开，似乎有什么事情要对我说。终于，他鼓起勇气，小声地说：“老师，我的孩子有先天性心脏病，请您多关照……他不能受刺激，不能太激动，不能太累，不能做剧烈运动……”家长一边说一边看我的表情，那份忐忑清清楚楚地写在脸上。

我的确有些紧张，一个患先天性心脏病的孩子，不就是一个安全隐患吗？出了事怎么办？但是，当我扭头看到那个白白净净的大男孩的时候，我的想法改变了。对这个带着疾病来到人间的孩子而言，命运是多么的不公平呀！我们这些爱的天使，应该给他更多的关心，使他的生活多一些幸福。和健康的孩子相比，他更需要通过学习为自己找到生命的支点。我告诉家长：“我会多加注意，也请家长多配合……”

对这些罹患疾病或遭遇不幸的学生，教师要有“不抛弃、不放弃”的精神，多一些担当，用爱的阳光驱散他们心头的乌云。

一个真正的教师，怎么忍心对一个生病的孩子说“你不适合上学”“我担不起这份责任”呢？

不抱怨。有一个成绩优异的女生，自认为很成熟，怪话连篇。我到宿舍看望生病的同学，她说“假惺惺”；我对贫困的学生伸以援手，她说“有目的”。同学们积极参加集体活动，她说“幼稚”；同学们主动帮助老师做事，她说“虚伪”……走在她身边，似乎有一种脊背发凉、冷飕飕的感觉。我知道，对这个个性鲜明、锋芒毕露的“愤青”，抱怨和指责都没有作用，唯一有效的方法是用爱的阳光融化她心头的坚冰。于是，我告诫自己，心不能冷。

有一天上午，她发烧没来上课，我到宿舍看她。当我坐在她床边的时候，她的目光变得很温柔；当我把一杯热水递到她手中的时候，她双手捧着水杯半天没有抬头。我知道，她喝下去的是水，咽下去的是泪。虽然她什么也没有说，甚至没有说一声“谢谢”，但从那以后，“僵硬”的她开始变得“柔软”。

一个真正成熟的教师，怎么能对青涩、懵懂的中学生求全责备、抱怨、灰心呢?

不计较。一天下午，一个家长打来电话说:“今天是儿子的生日，想来学校和孩子一起吃晚饭，请老师告诉孩子下课后到校门口等。”学生去上体育课了，我就给他留了一张字条:“放学后到校门口等你妈妈。祝你生日快乐!”

没想到，这张纸条惹来了麻烦。第二天上课，我叫他回答问题，他不屑地看了我一眼说“不会”;下课昂着头示威一般从我面前走过。我问他怎么了，他冷冷地说“没事”，简直莫名奇妙。我找他谈心。他说:“我不想过生日，我和同学们都发誓了，考不好就不过生日，为此我关了手机，周日也没有回家。就因为这张纸条，我的誓言就作废了，还受到同学们的嘲笑。”看着他着急的样子，我想笑，但我没有笑。青春期孩子的矛盾、幼稚，由此可见一斑。

这就是青春期的孩子。我们该怎么办呢?斤斤计较，只能使自己陷入苦恼之中，最有效的做法就是用真心走近他们，用诚心打动他们，用一颗包容的心去等待他们长大。

一个真正成熟的教师，怎么能和青春期的孩子针锋相对、斤斤计较呢?

作为教师，我们如果连学生都不能接纳，那还谈什么胸怀宽广呢?

二、理解家长

教师除了要和学生打交道之外，还要和家长打交道。要和家长打交道，就要对家长多一些理解。

理解家长的苦。晓晓是个桀骜不驯的女生，聪明能干，成绩优秀，美中不足的是不按要求穿校服。一开始，她总是找借口，校服脏了、洗了、丢了，后来连借口都不找了，直接回一句话:“校服不好看，我不喜欢。”

讲道理没用，批评教育没用。我想和家长谈一谈，借助家长的力量解决这个问题。

她妈妈如约而至，开场白是一声叹息。“哎，这孩子我真管不了，从小就不听话。自从我跟她爸爸离婚后，她爸爸总是充好人拉拢她，要什么买什么。以前我说她她还听，现在根本不听，动不动就拿‘我去找爸爸’来威胁我。说轻了不管事，说重了就跑到她爸爸那里不回来。从她五岁起我就自己带她，现在大了，我怎么能让她走呢？如果孩子走了，我的生活还有什么奔头呢？所以，我现在基本上不说她，不是不想说，而是不敢说……”

看着泪流满面的家长，我主动岔开了话题。至于如何让晓晓按要求穿校服，我只能自己再想办法了。

生活在烟火人间的教师，面对痛苦无助的家长，还有什么不能理解的？

理解家长的难。一个周日的早晨，一位家长打来电话。声音压得很低，似乎怕人听见。我以为她在开会。

她告诉我：“我在院子里，怕孩子听见，所以不敢大声说话。老师，您说说我的孩子吧。自从周五放假回来，她一直在看《甄嬛传》，连饭都不吃，作业一笔都没有写。我说了几次都不管用。”

“你把电视关了。”我说。

“她用电脑看，在她的房间里。”

“你进去把电脑关了，或者干脆把网线拔了。”我说。

家长有些为难：“她会不高兴的。”

“不能由着她的性子来。你挺起腰杆做妈妈，有什么好怕的？”

“老师，孩子一个月才回来一次，我还惹她不高兴，有点儿不忍心。还是您说说她吧！”

听到这里，我哭笑不得。“她一个月回去一次，你不忍心说她；她在学校待了一个月，我天天说她，好不容易回家两天，我就更不忍心说她了。你怕惹孩子不高兴，我也怕。”我开玩笑地说。

家长赶紧说：“老师，她不听我的话。但她听您的话，她很佩服您……”

“那好吧，把电话给她，我跟她说。”我答应下来。

家长的回答出乎我意料：“您过十分钟再打过来吧，不然她就知道是我告诉您的了，还得冲我发火。”

我很无奈。过了几分钟，我打了电话告诉孩子："你妈妈说你回到家就看电视。不要再看电视了，也不要对你妈妈发火。赶紧收拾东西返校，回到学校可以补觉也可以补作业。"孩子爽快地答应了。

但是过了一会儿，家长又打来电话："老师，让孩子下午返校吧，我买了肉馅，中午包饺子，让她吃完饺子再回去。行吗？"

我无语了。

面对着因爱生惑、拿不起又放不下的家长，还有什么不能理解的？

理解家长的急。一天晚上九点多，电话铃声响起，是一名住宿生的家长打来的。

他非常焦急地问："老师，我的孩子在学校吗？"

"在。"

"我能和他说句话吗？"

"对不起，我没在学校，有事您跟我说，我明天转告他。"

"不行，我现在就要和他说话。"家长显得很急躁。

"为什么？"我不解地问。

"我刚收到一条短信，说我孩子打架被抓进派出所了，让我拿钱。"家长显然已经方寸大乱。

"下午六点我还和您孩子说话呢。发短信的是骗子，您不要相信，也不要理他，更不要汇款。"

"老师，麻烦您到学校看一下，行吗？看看孩子在不在。万一是六点以后出的事呢？"

"不可能，如果晚自习孩子不在，上课的老师会找我的。我们学校的管理非常严格。"我坚定地告诉家长。

"那您把上晚自习老师的电话给我，我给老师打电话。我要和孩子说话。"

没有办法，我只好给上晚自习的老师打电话，却怎么也打不通。怎么办呢？我告诉家长："您先不要着急，我现在就去学校，一会儿让孩子给您打电话。"

我急匆匆地走进教室的时候，孩子正在安安静静地学习。我递给他电话说："给你家长打个电话。"

接完孩子的电话，家长悬着的心终于落地了。

旁观者清，当局者迷；事不关己，关己则乱。作为教师，我们有资格嘲笑家长吗？当然没有，因为所有的焦虑不安都源自对孩子的爱。

理解家长的忧。高一时，小路学习不太努力，成绩一般，每到周末不是上网就是睡觉。家长非常着急，轮番上阵，监督小路学习。他妈妈经常给我打电话，让我对小路严格要求。每次家长会，小路的家长都要特意留下来谈小路的学习问题。

进入高二，小路开始努力，成绩不断进步。每到周末，他不玩电脑，不看电视，不睡懒觉，不下楼，不出屋，扎在自己的屋里学习，有时吃饭都得家长催。面对如此巨大的变化，小路的妈妈不仅没有高兴反而忧心忡忡：担心孩子身体受不了，担心孩子学成书呆子，担心孩子将来走上社会不会交际……

小路的妈妈不断地对小路说："成绩不是最重要的，快乐、健康才是最重要的。即使上不了大学，妈妈也不怪你。"

每到周末或者假期，小路在屋里学习，他妈妈就不停地走来走去，一会儿送一趟水果，一会儿送一杯水，一会儿喊他出来看电视，一会又催他下楼活动活动……弄得他不胜其烦。

我告诉家长："劲儿可鼓不可泄。难得孩子有这份热情，不要总干扰孩子学习，拖孩子后腿了。学习累不坏人。"家长根本听不进去，无奈之下，小路申请了住宿。

好糊涂的家长啊！但是，作为教师，我们能埋怨家长吗？不能。因为糊涂也是爱！

家长是教师的同盟军，要想取得教育的成功，就要赢得家长的支持；要赢得家长的支持，就要理解家长，善待家长。

三、善待同事

冰心说："人类啊，相爱吧，我们都是长行的旅客。"同事就是我们人生旅途的伙伴，我们要善待他们。

善待成功者。很多时候，我们能够容忍素不相识的人平步青云，却不能容忍身边的人捷足先登；甚至于我们能够忍受自己的失败，却忍受不了别人的成功，尤其不能容忍与自己资历相同的人取得成功。当别人成功的时候，我们的心灵被羡慕、嫉妒、恨塞满，委屈不平之感顿生，思想懈怠，怪话连篇，做事没有激情，待人不再真诚，其结果只有一个 —— 与成功渐行渐远。

如果我们总是见不得别人进步，容不下他人成功，那就不是幼稚而是狭隘了，其结果只能是独学而无友，孤陋而寡闻。那么，我们该怎样面对别人的成功呢？最好的办法是为成功者喝彩，向成功者学习，取人之长，补己之短，与成功者为友，强强联合，那成功离我们也就不再遥远了。

请记住：不是别人抢走了属于你的成功，而是你还没有找到属于自己的成功；你努力工作不是为了打败别人，而是为了成就自己；你的成功不是由他人的失败来证明的；你只有和成功者比肩，与成功者结盟，才能取得更大的成功。

善待失败者。锦上添花易，雪中送炭难。善待成功者难，善待失败者就更难了。

教师工作需要智慧，更需要经验，有时候，经验比智慧来得重要。对那些刚刚走上工作岗位，因为经验不足而陷入被动、甚至遭遇失败的同事，我们不要说三道四、嘲笑、排斥，而要多一分理解和支持，拉一把，扶一下，帮助他们站稳脚跟，快速成长。

善待别人就是善待自己。如果把同事看成魔鬼，很不幸，你生活在地狱；如果把同事看成天使，很幸运，你生活在天堂。让我们敞开心扉，善待身边的每一个人吧！

老师们，海纳百川，有容乃大，让我们敞开心扉，容人之过，记人之功，用人以长，待人以诚，把学生、家长、同事都变成我们的朋友吧！

做一个善于学习的人

教师的职责是什么？传道、授业、解惑。教师该如何担负起这份职责？除了爱岗敬业、关爱学生之外，还要有丰富的知识和高超的育人艺术，而这一切都来自不断地学习，所以，要想成为一名优秀的教师，就要做一个善于学习的人。

一、为何学：引得源头活水来

按道理来说，大学毕业或研究生毕业的教师，可以算是科班出身，教中学生、小学生应该绰绰有余，但事实并非如此。因为理论和实际之间、知识和能力之间还有很遥远的距离，学习就是缩短距离的好办法。

常言道，要给学生一碗水，自己就要有一桶水，但是作为今天的教师，只有一桶水已远远不够，我们必须有一池水、一江水，还得是源头活水。学习就是获取源头活水的途径。

半亩方塘一鉴开，天光云影共徘徊。问渠那得清如许？为有源头活水来。学然后知不足，教然后知困。当你真正站在讲台上的时候，你才知道自己知识的贫乏；当你真正想要超越自己不断进步的时候，你就会发现学习是一件迫在眉睫、不能停止的事情。

二、何时学：一寸光阴不可轻

说到学习，大家感叹最多的就是“没有时间”。是啊，如果用一个字来形容教师的工作状态，这个字一定是“忙”。老师们每天忙于备课上课、批改作业、找学生谈心、与家长沟通，哪里还有时间学习呢？

很多时候，我也感到同样的忙碌，时间被琐碎的事情切割得七零八落，自己不能支配自己的时间。想看看书吧，学校通知开会；想写点儿东西吧，家长找你了解情况；想记录下课堂的精彩片段吧，学生郁闷了，要和你谈心。等所有的事情处理完了，时间消逝了，精力耗尽了，灵感跑得无影无踪了。怎么办呢？没有大块的时间，就找零碎的时间吧，做饭的空隙浏览一下报纸，吃饭的时候听一听新闻，走路的时候温习一下背诵的古诗，三五分钟看一个故事，半个小时读几页经典，节假日里读两本专业书籍……时间长了，积少成多，眼界开阔了，学养提高了，你就会体会到“累积”这个词语的真正含义，也会体会到学习的快乐！

少年易学老难成，一寸光阴不可轻。有人说成功与失败的分水岭只因为五个字 —— 我没有时间。让我们梳理、规划一下自己的生活，拿出一点儿时间来学习吧，时间真的像海绵里的水，只要愿意挤就有。

三、学什么：广学博取，海纳百川

打铁需要自身硬。教师当然要学习自己本学科的专业知识，增加自己的深度，使自己成为顶呱呱的任课教师；除此之外，还要学习学科之外的知识，增加自己的广度，使自己成为一个知识渊博的“杂家”。只有这样，才能给学生全面的指导，成为学生人生的导师。

有一次班会，我给学生们列出了三个算式，请学生们计算后说出结果。

$1 \times 1 \times 1 \times 1 \times 1 \times 1 \times 1 \times 1 \times 1 \times 1 \times 1 \times 1 \times 1 \times 1 \times 1 \cdots\cdots = ?$

$1.1 \times 1.1 \times 1.1 \times 1.1 \times 1.1 \times 1.1 \times 1.1 \times 1.1 \times 1.1 \times 1.1 \cdots\cdots = ?$

$0.9 \times 0.9 \times 0.9 \times 0.9 \times 0.9 \times 0.9 \times 0.9 \times 0.9 \times 0.9 \times 0.9 \cdots\cdots = ?$

学生们很快算出了结果：无数个 1 相乘，结果还是 1；无数个 1.1 相乘，结果是无穷大；无数个 0.9 相乘，结果是无限趋近零。

醉翁之意不在酒。算题不是目的，目的是想让学生们明白一个道理。我告诉学生们：“1.1、1、0.9 这三个数字相差不多，但相乘之后的结果却大相径庭。如果让你做什么你就做什么，应付差事，那你就是 1，而且永远是 1。多数同学就处于这样的学习状态，陀螺一般，拨拨转转，不拨不转。学习缺乏主动性，满足于完成任务，应付老师，那你永远是你，没有改变，也没有突破。如果你积极点儿、主动点儿，每件事都努力多做一点儿，那你就是1.1，不断积累，你就会越来越优秀，越来越强大；如果每件事你都少做一点儿，那你就是0.9，你的人生不断地打折、缩水，最后趋近于零，一定要记住，人生禁不住打折。”

这三个算式看起来很简单，也很平常，但从我一个语文老师的口中说出来就不简单了，学生感到新鲜、有趣，接受起来更容易，教育效果也就更明显。而我是怎么知道这三个公式的呢？是从一位同事的班会上学到的。

四、向谁学：道之所存，师之所存

（1）向书本学习。教师是教书之人，读书乃必修之课。展卷读之，是在采集知识，收集快乐；掩卷思之，是在萃取智慧，品味幸福。广读博览，所得都成为烛照人生的火把；深思冥想，所悟皆化为滋养生命的琼浆。

时间都去哪儿了？这恐怕是近几年最热的问题了。其实在此之前，我就经常问自己：“我的时间都去哪儿了？为什么我整天忙忙碌碌、早来晚走却一无所获？”我也经常问学生：“你们的时间都去哪儿了？为什么孜孜不倦、不眠不休却成绩平平？”当我读了西里尔·诺斯古德·帕金森所著的《帕金森定律》中的一则故事时，我找到了答案。

故事是这样的：一位老太太要给侄女寄明信片，她用了一个小时找明信片，一个小时选择明信片，找侄女的地址又用了三十分钟，一个多小时用来写祝词，决定去寄明信片时是否带雨伞又用去二十分钟。做完这一切，老太太劳累不堪。同样的事，一个工作特别忙的人可能花费五分钟在上班的途中就顺手做了。

帕金森认为，工作会自动占满你所有可用的时间，如果你给自己安排了充裕的时间去完成一项工作，你就会放慢节奏或者增加其他项目，以便用掉所有的时间。工作膨胀出来的复杂性，会使工作显得很重要。在这种时间弹性很大的环境中，人并不会感到轻松，相反，会因为工作的拖沓、膨胀而苦闷、劳累，从而精疲力竭。

“工作会自动占满你所有可用的时间。”这句话太精准了！这就是我，就是我的学生，就是我们身边的很多人，每天忙忙碌碌却经常一无所获的原因。

周日休息，我心情很放松，坐到书房里看书，没看几页，发现精彩之处，想摘抄下来。是在书上做个标记，还是摘抄下来呢？做标记虽然简单，但是再想找到有些麻烦，还是摘抄下来更好，几经犹豫之后，我决定做摘抄。于是新的问题出现了，是录入电脑还是记到本子上呢？录入电脑不如手抄快捷，犹豫比较之后，我决定手抄。抄到哪里呢？眼前摆着摘抄本，但什么内容都往上抄，不就成了大杂烩了吗？摘抄应该分类，以方便将来查找，我果断决定“分类从今天开始”，于是开始翻箱倒柜地找本子。本子找到了，我开始找笔，其实，笔筒就在眼前，里面圆珠笔、水笔、铅笔、钢笔，红的、黑的、蓝的一应俱全，结果呢？一支支试了又试，拿了又放。就这样，从我发现精彩内容到摘抄完成，整整用去了半个小时。这翻箱倒柜的半个小时，给自己带来的感觉是“我很累”，给家人留下的印象是“我很忙”。但是，您知道我抄了多少字吗？不足 50 个字，后来我想，半个小时，我足可以把这 50 个字背得滚瓜烂熟。

时间去哪儿了？我的时间就在这漫无目的、毫无规划、信马由缰、举棋不定的“忙碌”中消磨掉了。

明天就要“二模”了，这是高考前最后一次大型考试，学生们仍在紧张地复习。自习课开始了，小夏准备复习，她拿出一沓做过的数学试卷，看起来要温故知新，梳理知识了。但是，她看了不到两分钟就放下了，低下身子在桌斗里翻找，找了半天，拿出一把剪刀，接着又在桌上的书堆里翻找，拿出一个本子，然后开始仔细地剪裁试卷，剪完之后再平平展展地贴到本子上，非常投入，非常认真，十分陶醉，整整两节自习课，她一直在剪贴。晚自习开始了，她还在埋头翻试卷、剪试卷、贴试卷……我拿起手机，给她录了五分钟的视频。

我把她叫到教室外，让她看自己的视频，告诉她：“你看起来很忙碌，一分钟都没有闲着，但一点儿效果都没有。为什么？你没有明确的目标和具体的计划，做事毫无章法。结果是忙忙碌碌、顾此失彼，最后什么事都做不好。平时你总说时间不够用，你的时间都去哪儿了？都被你‘剪’掉了”。

她看完视频之后，当着她的面，我把视频删掉了。

时间去哪儿了？学生的时间就在这杂乱无章、随心所欲、拿拿放放的忙碌中飞逝了。

找到了时间的去向，就要努力留住时间，有效利用时间。于是，我开始给自己规定任务，准备一个本子，把要做的工作写在上面，按部就班地做，结果如何呢？效率提高了，效果更好了，我还多了几分从容、淡定。我也开始指导学生规划时间，既要有长计划，也要有短安排。上课之前用一分钟想好这节课想做什么，确定了就努力去做，令人欣喜的是大部分学生能在规定的时间内完成规定的任务。

粗缯大布裹生涯，腹有诗书气自华。身为教师，我们要努力养成读书学习的习惯，让我们的学生、我们的校园、我们的民族溢满书香！

（2）向专家学习。现在国家重视教师队伍建设，关注教师的成长，各级主管部门都加大了培训的力度，为教师的成长搭台铺路。

对于培训，教师们看法不一。有的教师持积极态度，觉得培训能促进自己成长；有的教师持无所谓的态度，觉得培训可有可无；有的教师持消极态度，认为培训耽误时间，专家也不过如此，等等。这使我想到了三种动物——松鼠、蚂蚁和蜜蜂。

在俄罗斯生活着一种小松鼠，它们非常勤劳，每天不停地寻找和储存食物，但由于记忆力有限，只能记住三天之内的事情，所以，它们经常找不到自己辛辛苦苦存放的食物，于是每天都在忙忙碌碌地寻找和储存食物。

我觉得有的教师很像这种小松鼠。他们有忧患意识，知道自己的不足，明白自己需要充电，于是，参加培训很积极，学习很主动，听课很认真，记了很多笔记，拷贝了很多课件，问了很多问题。培训期间，他们热情高涨，摩拳擦掌，准备回去大干一场。结果如何呢？培训结束回到课堂，忙碌的工作开始了，他们的热情渐渐冷却，那一大堆新理念、新方法尘封在记忆深处，一大堆课件没有时间打开，一大本笔记早已束之高阁。于是便开始了老调重弹，老生常谈，那挂老车又走回了那道旧辙。新学生带来新问题，新问题产生新困惑，他们又陷入了茫然无助的状态中，于是开始了又一轮的寻找，就像松鼠，永远在为食物奔忙！

而有的教师很像蚂蚁。他们参加培训也很积极、很认真，但是忙忙碌碌的结果是记了很多笔记，拷了很多课件，把专家的知识搬到了自己的记录本上、电脑上，甚至大脑中。培训结束之后呢？回到课堂，照搬新理念，套用新方法，因为没有对具体情况做具体分析，结果新的方法“水土不服”、效果不佳。“学步”和“效颦”的结果是，不得不放弃这些新方法，抛开这些新理念，于是这挂老车重又回到了那道旧辙之中，轻车熟路，得心应手，新一轮的忙碌开始了。至此，本次培训效果归零，他们开始期待，期待着下一次更有“针对性”的培训。

有的教师很像蜜蜂。他们知道自己缺什么，也明白自己需要什么，更能够从纷乱中找到自己需要的内容，就像蜜蜂采集百花酿成蜂蜜一样。他们从专家那里萃取需要的内容，融会贯通，结合自己的实际，提炼出适合自己的方法。可谓“不论平地与山尖，无限风光尽被占”，当他们采得百花成蜜后，一分辛苦百分甜。水平提高了，能力增长了，自己快乐，学生快乐，于是培训成为他们教育旅程的加油站。

当然，培训归来，回到自己的岗位，他们也会遇到新问题，陷入新困惑，但是，他们知道到哪里搜寻解决问题的方法，他们会翻开培训笔记、打开培训课件、阅读培训教材、联系培训教师，去获取解决问题的锦囊妙计。也许根本找不到现成的方法，但是他们不抱怨、不懈怠，而会像蜜蜂那样，不论是遇到了槐花、枣花、油菜花抑或是苦菜花，都能够从中找到并萃取出需要的内容，酿成醇美的花蜜！

他山之石，可以攻玉，专家的经验可以为我所用，这是教师走向成功的捷径。所以，我个人认为，培训就是待遇，培训就是福利，培训就是单位给我们的奖励，我们要认真对待每一次培训。

（3）向同事学习。我们捧读专家的著作时，佩服专家的高明，每每遇到难题，就幻想如果专家在我身边多好啊！幻想之后不免一声叹息“远水不解近渴，可惜专家不在身边”。其实，真正的专家也许就在你身边，就坐在你的对面，就是你办公室的某位老师。

有一次，我听一位年轻的老师介绍经验，说班里有一个成绩优秀的学生，争强好胜，嫉妒心强，经常与比自己优秀的同学闹矛盾，弄得同学关系很紧张，多次谈话都不起作用。

怎么办呢？一天放学，这位老师把这个学生叫到办公室。老师用钢笔在纸上画了一长一短两条线，要求他在一分钟之内把长线变短，条件是不能把纸弄破、弄脏。计时开始了，学生拿起橡皮就擦，纸都被擦破了，也没有把长线变短。这时，老师拿起笔在短线的一端画了一下，长线变短了，学生的眼睛亮了！看着目瞪口呆的学生，老师说："把长线变短的最好方法就是把短线变长。别人超过了你，嫉妒、生气、吵架都没有用，最有效、最简单的方法是发展自己，使自己变'长'！"学生恍然大悟了，从此嫉妒变成了竞争，对手变成了朋友，内耗变成了双赢。

听了老师的经验介绍，我有醍醐灌顶之感。我的班级也有这样的学生，我正为找不到方法头疼呢，踏破铁鞋无觅处，得来全不费工夫，赶紧试一试，效果很不错！

也有很多老师本身已经非常优秀，是学校甚至地区的领军人物，放眼周围皆是后生晚辈或庸常之人，可能会产生一种曲高和寡的孤独感。其实，大可不必，智者千虑，必有一失；愚者千虑，必有一得，很多时候，经验比智慧更重要，在不该做什么这个问题上，失败者更有发言权。让我们谨记圣人的教诲"三人行，必有我师"，善待身边的人，挖掘身边的智慧宝藏吧！

（4）向学生学习。韩愈说："弟子不必不如师，师不必贤于弟子。"面对今天的学生，我们必须承认，在很多方面，学生的知识不比我们少，甚至比我们多。怎么办呢？放下身段，向学生学习。

有一次，我的电脑出了问题。班里有一名"调皮"的学生对电脑非常精通，我找他帮忙。他非常认真，查找资料、下载软件；他很有耐心，不厌其烦地给我讲解，有问必答，问一答十。电脑修好了，他一遍一遍地给我演示操作，反复地问："老师，您看明白了吗？您学会了吗？您还有问题吗？"第二天，他主动问我："老师，您的电脑又出问题了吗？您应该再安装一个软件，我下课时给您装上。"过了几天，他又问："老师，电脑没出问题吧？"直到两个月以后，他还在问："老师，您的电脑怎么样？"这热情、主动的跟踪反馈，真真令我汗颜。我在想："我对学生有这份耐心吗？没有。我对课上讲过的知识做过这样主动而密集的跟踪反馈吗？没有。而学生的这些做法不值得我们学习吗？值得。”

一名学生因患小儿麻痹症一条腿落下了毛病，但他积极、乐观，从来不要求照顾。“阳光体育一小时”，他奔跑在我们的队伍里；课外活动，他拼抢在篮球场上；体操比赛，他是普通一员；合唱比赛，他是绝对的主唱……我们从没有见过他唉声叹气、垂头丧气，更没见过他自怜自艾、怨天尤人，看到的永远是一张灿烂的笑脸！

这份乐观、自信绝不是懵懂孩童的少不更事，而是“要扼住生命喉咙”的那份坚强。我们向司马迁学坚强，向贝多芬学坚强，向保尔·柯察金学坚强，向张海迪学坚强，但是那些文字、图片带给我的震撼远不及这个学生灿烂的笑脸来得更直接、更强烈！

有一次，我收到了一条短信，短信中提到一个学生的名字，内容带有侮辱性质。经过了解发现，很多学生收到了这条短信。我很紧张，怕那个学生知道了想不开，产生什么严重后果。我赶紧找到她，小心翼翼、躲躲闪闪地询问，结果她的回答令我吃惊：“老师，您说的是那些短信吗？我早就收到了。我曾经试图找出发短信的人，但没有结果。清者自清，浊者自浊，谣言止于智者，我身正不怕影子斜。现在，高考临近，我有更重要的事情去做，没有闲工夫搭理这些无聊的人。您不用担心我。”听了学生的话，我震惊了，这份淡定与坦荡、大气与决断是很多成年人都做不到的，难道不值得我们学习吗！当然值得。

教学相长，青出于蓝，让我们勇敢地向学生学习吧！

五、怎么学：融会贯通，为我所用

不论是书本上的知识，还是专家的经验，抑或是同事的做法，我们都要采取“拿来主义”的态度，结合自己的工作实际，运用脑髓，放出眼光，合理取舍，改造运用。在这一点上，我深有感触。

有一次，我读到一个故事，说一名二年级的小学生在数学小测中考了59分，请求老师送给他一分。老师说：“我不能白给你，但我可以借给你。下一次你要加倍还我，不能低于70分。”小学生高兴地走了，下一次小测，居然考了 78 分。故事的结尾有一句点评："世上哪一种贷款有如此高额的利息，没有了，只有教育。"看完这个故事，我热血沸腾，觉得教育太神奇、太美妙了。

第二天，机会来了。期末考试结束，该放寒假了，我公布完成绩，讲明了假期要求及注意事项，学生们都高高兴兴地回家了。一个学生来到我办公室，请求我在家长会上多多美言，不要对家长说他真实的成绩，并一再保证只要我把他的成绩说得好一些，他一定努力，我说多好他下次就考多好。听着他信誓旦旦的话语，看着他真诚的表情，我想到故事中那个老师的做法和效果，决定试一试。犹豫之后我答应了，我们击掌盟誓，签字为证。结果如何呢？等到下次考试的时候，他不仅没有考到预期的成绩，反而比原来还退步了很多。

反思整个事件，我幡然醒悟：借鉴学习是必要的，但是，必须结合自己的工作实际，做到具体问题具体分析。故事中的学生是小学二年级的学生，行为习惯还没有养成，知识难度不大，很容易改变；而我面对的是高中二年级的学生，行为习惯已经养成，他基础薄弱、习惯不好、方法不当，冰冻三尺非一日之寒，成绩落后不是一朝一夕的事情，想要在短期内改变也绝非易事。这么多的不同，我都没有考虑，而是照搬照抄别人的经验，结果只能是搬起石头砸自己的脚，以失败告终。

人最具开发价值的是我们的大脑。尽信书不如无书，面对别人的成功经验，我们要谨记鲁迅先生的教导：运用脑髓，放出眼光，自己来拿。

老师们，眼界决定境界。不登高山，不知山之高；不临深溪，不知地之厚。见多才能识广，根深方能叶茂，让我们努力学习，拓宽自己的眼界吧！

做一个善于表达的人

说话是一门艺术，也是教师的基本功，教师必须学会表达，善于表达。

一、认真倾听

要想说得好，先要听得清。而教师最容易犯的毛病，是不肯倾听，或者不肯认真地倾听。因为在多数情况下，教师是谈话的主动方，且有备而来，所以，经常是教师滔滔不绝地讲，学生恭恭敬敬地听。这种剥夺了学生话语权的“单边对话”，很容易使师生产生误会，不利于问题的解决，影响谈话的效果。

有一个令人捧腹而又令人难忘的小故事。一个小学一年级的小女生，拿着小狗的照片对老师说：“老师，你就是这个小狗。”老师平静地问：“为什么？”孩子高兴地说：“我最喜欢小狗了，小狗是我最好的朋友，我也喜欢你。”这是多么精彩而又危险的一段对话呀！因为并不是所有老师在听到“你就是这个小狗”之后，还能够如此平静地和学生对话。

教师一定要学会倾听，以此来了解事情的真实情况，减少误会，提高谈话的效果。

二、适当沉默

很多教师认为，既然是谈话，当然要谈，于是从头到尾喋喋不休，竹筒倒豆子毫无保留，结果如何呢？效果并不理想，有时甚至招来学生的反感。

有一个性格外向、聪明、伶俐的学生，大错不犯，小错不断，每次都能给自己找到借口，简直就是一个“常有理”，多次谈话都没有效果。反思总结之后我发现，每次谈话都是我先说话，指出问题，提出要求，然后再让他说。这就等于把底牌亮了出来，他根本不去反思、反省，而是立刻进入应急状态——找借口、想对策、了结过关。

原因找到了，方法就有了。当他又一次因为顶撞老师来到我办公室时，我没有说话，静静地看着他。他开始还很镇定地问："老师，有事吗？"我看着他点点头，还是没有说话。过了一会儿他说："老师，我错了。"我看着他，依然没有说话。此时无声胜有声，他开始反思自己的问题，解析自己的错误。"老师，我不应该……"

有一个非常恋家的学生，每次返校都会迟到。我道理讲了一火车，他决心下了无数次，都没有作用，因为家的巨大磁力拴绑着他离家的双脚。又一次放假前，我特意嘱咐他按时返校，他信誓旦旦地答应了，可就在我热切地期盼中，他又姗姗来迟。看着在教室门外犹豫不决的他，我无奈又无语了，笑了笑，招招手请他进来。一切尽在不言中，我没有让他解释，也不需要他的解释。他看着我，似乎要说什么，最后什么也没有说，一低头走进教室。奇迹出现了，从那以后他不再迟到了。

沉默是金，一默一声雷！沉默是促使学生自省、自查的好办法，是最发人深省、最能触及心灵的"谈话"！

三、消灭口头禅

有很多教师说话带口头禅，这看似无关紧要，其实也影响沟通的效果。有些口头禅，比如，"哼""啊""这个""那个"，虽然不妨碍内容的表达，但影响课堂的节奏，使语言变得拖沓、乏味，分散学生的注意力。还有些口头禅会给学生造成心理压力，比如，"你给我想一想"，"你给我坐下"，"你给我出去"，"你给我记着"，这里面的"你给我"就是很多教师的口头禅，有强制命令之嫌，学生听着很不舒服。

有一次去三峡游览，导游是一个漂亮的小姑娘，说话细声细气，声音很好听。很快我们就发现她说话的问题——重复前一句话的后几个字，"今天，我们去三峡呀去三峡；这边就是毛公山呀毛公山……"一开始，我们觉得这个口头禅很有意思，后来就觉得特别烦躁，仿佛孙悟空听到唐僧念紧箍咒一般。最后，我们请求导游休息一下，让我们自己去参观游览。导游和我们同行不足两个小时，她的口头禅就使我们如此厌烦，学生天天面对老师，听老师讲课，和老师谈话，老师的口头禅对学生的心理折磨该有多大呢？

四、多用肯定句

很多教师说话爱用否定句，一张口就是“不要交头接耳”，“不许在教室打闹”，“不准玩手机”，等等，学生感到处处受限制。如果换成“请认真听讲”，“请保持安静”，“请关闭手机”之类的话，结果会怎么样呢？虽然意思没有改变，但听者的感受就会不同，效果自然也不相同。

大家试着想象一个场景。晚饭后，一家人围坐在电视机前，孩子对妈妈说：“妈妈，我要看动画片。”妈妈说：“不行，写不完作业，不能看电视。”一连三个否定句，孩子不高兴地去写作业了。作业写完了，动画片也演完了，孩子就更不高兴了。如果妈妈说“可以。先去写作业，写完作业和妈妈一起看电视”，结果会怎样呢？孩子会高高兴兴地去写作业，写完作业动画片当然也演完了，孩子会怪家长吗？大概不会，他甚至会怪自己：“我写得太慢，以后吃完晚饭直接去写作业，再也不玩了。”同样的问题，同样的内容，不同的说法，产生的效果却大不相同。

教师不要做批评家，而要做建设者，一定要学会用肯定句和学生谈话，要让学生知道不该做什么，更要让学生知道应该做什么。

五、说明白话

教师和学生谈话，要用清晰、准确的语言来表达自己的意思，不要用那些模棱两可、似是而非的语言，否则学生就会无所适从，谈话就没有效果。

17 岁的小亮缺乏自信，做事没有主见，说话没有条理，每天都迷迷糊糊的，人情世故一概不懂，待人接物一塌糊涂，其幼稚、生涩与年龄极不相称，我一直找不到原因。

妇女节时，为了让学生理解妈妈的爱，我和学生一起欣赏《妈妈的话》这首歌，然后让学生说出家长最爱说的一句话。小亮说家长最爱说的一句话是“看你办的这点儿事”。他说，从小到大，每次做错了事，家长都这样责备他，却从来不告诉他错在哪里、应该怎么做。家长的话就像一个谜，他永远也猜不透，虽然很想改正，却不知道怎么改，于是，越改越糟，越做越错，越错越没有自信。

学生要参加一个公益演出，晚会筹备组的导演来做指导。学生全部来自农村的贫困家庭，没有受过舞蹈、音乐等方面的训练，理解力和模仿能力不是很强，又非常拘束、放不开，我在旁边看着都着急。但是，导演却不急不缓地指挥着，平静、清楚地说着简短的话语，一句又一句，话不多，但是很准确。他一边指挥，一边示范，一边纠正。从下午 5 点到晚上 8 点，整个节目排完了。繁复变化的队形，各不相同的动作，学生们居然都记住了！连贯起来表演一次，整齐舒展，美不胜收，简直就是奇迹！

兴奋之余，我也在反思。平时，教师耳提面命、喋喋不休地讲解，学生听不懂、学不会、记不住、做不到。而如此复杂的表演，如此简短的排练时间，他们为什么竟能达到如此出色的效果呢？因为导演指导得法。他给学生的不是模棱两可、含糊不清的命令，而是明确、具体、肯定的要求，诸如，“第一排蹲下”，“第二排左跨一步”，“第三排右跨一步”，“手与肩平”，等等，学生听到之后知道自己该做什么。他的话简短而精准，字字有效。偶尔有学生没有听明白，或者没有按照要求做，甚至连续出错，导演也略显着急，但他说出来的依然是明确、具体的要求，而不是埋怨和责备。这样的语言是有效的。

回想我们的课堂，充斥着“无效”的语言。诸如，“你想什么了”，“你怎么还不明白”，“又错了”，“我拿你真没办法”，“不要这样做”等。这些责备的话语，除了宣泄教师自己的不良情绪、影响学生的自信心和学习兴趣、浪费课堂时间之外，没有任何指导意义，学生依然不知道该怎样做。这就是无效的语言、无效的要求和无效的课堂。

我明白了，简单明了、准确、具体、能理解、可操作的指令，才是有效的指令。

六、看对象，讲方法

常言道，看菜吃饭，量体裁衣，到什么山上唱什么歌。其实，教师说话也要看对象，讲方法。

我教理科班，学生学习理科热情很高，理科成绩不错，但对语文、英语不感兴趣，成绩很不理想，而且前十名学生偏科最严重，多次谈话也没有效果。

为了提高学生的综合能力和总体分数，我决定利用自习课给前十名学生补课。怎么告诉他们呢？很多老师也许会说“因为你们语文成绩太差，所以给你们补课”，而我的说法是“因为你们理科成绩太好，所以我要给你们补课。理科成绩好，如果语文成绩也好，那就是好上加好！补课的原因是你优秀，补课的目的是让你更加优秀”。

对这个说法学生们很愿意接受，于是，我们共同商定，每周拿出四节自习课时间学习语文和外语，就这样，我们顺利组成了语文、外语的学习小组，并很好地坚持下去。从表面看来，“补差”和“培优”是一组近义词，可它们带给学生的感受却完全不一样。

七、有幽默感

有调查显示，学生比较喜欢有幽默感的老师。有一届学生，入学很久了，还一直叫我“班主任”，我觉得这个称呼不亲切。我想到平时有些学生称呼老师“数学老师”“物理老师”，尤其是教生物的老师，学生动不动就来一句“生物老师”“植物老师”“动物老师”，让人哭笑不得。我问学生为什么这样叫，他们说：“没什么，我们以前也这么叫。难道你不是班主任吗？”我无语了。怎么办呢？

我问学生：“你们回家见到爸爸、妈妈说什么？”

学生回答：“爸爸、妈妈，我回来了。”

我告诉他们：“今天回家都不能这样说，你们都说‘家长，我回来了’。”

学生笑了。我问他们为什么笑，他们说：“这样不亲切，没礼貌。因为‘家长’只是一个身份，不是一个称呼。”

“那为什么叫我‘班主任’呢？班主任也只是个身份，‘田老师’才是称呼呀！以后叫‘田老师’就好了。”

学生们笑了，从那以后，他们都叫我“田老师”了，我感到很亲切！

这是一件小事，无关原则，无伤大雅，这种轻松、幽默的谈话更有效果。

当然，幽默也要适度，不能为了幽默而幽默，更不能为了博得学生的欢心而插科打诨，讲一些与课堂无关、对学生成长不利的幽默段子。

八、轻重有序

作家刘墉在《世说心语：刘墉处世秘笈》中说，一个妈妈正在家里烧饭，邻居太太突然大叫着跑来：“不得了啦，不得了啦！你儿子在街上玩球，跑到路中央捡球，有辆大卡车开过来，你孩子……”才说到这儿，孩子妈妈已经晕倒在地。邻居太太急得大喊：“你怎么了？你别急呀，我是说你的孩子差点撞上，他没事呀！”

这个邻居太太简直太不会说话了，这么紧急而重大的事情，应该先说结果，再说过程。其实，我们平时说话时都有个先后顺序问题，这是应该注意的。而刘墉在这本书中，也举出了会说话的例子。

刘墉的女儿上初中的时候，有一天电话响起，刘墉接起电话，是女儿校长打来的。那校长没说她是校长，居然先说“没有急事”，然后讲，“我是校长，只是告诉你一个好消息，你女儿获奖了”。她为什么不说“我是校长，我要告诉你一件事呢”，怕刘墉着急，怕他吓一跳，以为孩子在学校出了什么事。这个校长做得真好。

但有的老师就不注意这个问题。有个老师给家长打电话说：“我是你孩子的老师，你赶紧到学校来一趟。”家长问什么事，老师说：“别问了，赶紧来吧，来了就知道了。”等家长心急火燎地来到学校，发现老师只是要家长在孩子的某个报名表上签个字。这个字的确需要家长亲自签，而且时间很紧，但是，老师完全可以打电话时告诉家长来学校的目的，先给家长吃个定心丸。当然，老师这样做绝不是故弄玄虚，而是没有考虑到家长的感受。

这就提醒我们，无论是和学生谈话，还是和家长谈话，都要注意先后顺序，不要颠三倒四、杂乱无章。

九、及时闭嘴

如果你不停地往一头骆驼身上放稻草，总有一棵稻草会把骆驼压垮。“最后一棵稻草”实际上就是一个由量变到质变的飞跃。在因处理问题和学生谈话的时候，教师要时时提醒自己，不要让“最后一棵稻草”把学生压垮。

在日常教学中，学生犯了错误，教师和学生谈话，你有来言我有去语，学生不认错，教师不罢休，于是，谈话变成争论，争论变成争吵，争吵变成了对立。问题在哪里？很多时候就是大家都想说最后一句，而最后一句话也许就是那“最后一棵稻草”。

我认为，教师批评学生是为了解决问题，不是和学生赌气，学生是否认识错误，不表现在谁说最后一句话上。争论不清时主动闭嘴，反而更有利于问题的解决。

这使我想起年轻时候的事情。有一次，一名学生连续三天不交作业，不服从课代表的管理，对任课教师的提醒、批评也很不礼貌。我非常气愤，把他叫到办公室，本想和他心平气和地交流，了解其不交作业的原因，找到解决问题的方法。他很不高兴，带着强烈的抵触情绪，谈话不顺利，也没有结果。

第二天，我叫来家长，目的还是想了解情况，找到原因，对症下药。在家长的协助下，学生的态度有了很大改变，表示以后要认真完成作业。

事情到此本该画一个圆满的句号，但是，我最后说了一句话使本已经解决的问题“复杂化”了。我说：“希望你能够遵守诺言，以后再出现这样的情况，就不会这样轻易过关了。”家长附和道：“以后好好写作业，再出现这样的情况，决不轻饶，看我怎么收拾你。”就是这看似平常的两句话，却惹来了学生的不满：“你能怎么样？”他抬起头看着家长和我，眼里全是不服。

我和家长都愣住了。能怎么样呢？我一时语塞，不知道该怎么回答，因为我根本没有想清楚该怎么办，只是随口说说而已。家长看出了我的尴尬，对孩子说：“怎么样？再不完成作业就别上了。”“不上就不上，你以为我愿意上啊？”他气愤地对着家长吼了起来……就这样，本该结束的谈话又开始循环，本已解决的问题又回到了原点。

问题出在哪里呢？一段时间以后，我和这个学生进行了一次畅聊。他告诉我那一段时间他喜欢上了玩电脑游戏，成绩大幅度下降，家长把他房间的电脑搬走了，严格规定他每天放学回家的时间，还断了他的零花钱。他和父母陷入冷战之中，他在为“电脑、零花钱和自由时间”而战斗，用他的话说是在“为争取人权与‘暴君’战斗”，所以故意不写作业，不服从管理，情绪很不好。他之所以改变态度，承诺按时完成作业，完全是给我面子。当听到家长说“决不轻饶，看我怎么收拾你”的时候，火气就控制不住了。

反思整个过程，如果我和家长都没有说最后一句话，就不会节外生枝，波澜再起；如果我和家长说的不是那种带有“威胁性”“恐吓性”的语言，而是“我知道你是一个言而有信的人，大丈夫一言既出，驷马难追，相信你一定能够做到”之类带有肯定性和鼓励性的话，结果一定会不同。

其实，生活中的很多事情也是如此：最后一根稻草是致命的，最后一句话往往是多余的。

在日常生活中，这样的例子也有不少。

家人出门了，千叮咛万嘱咐：“路上小心，注意安全，走路靠边……千万不要被车轧着。”这最后一句嘱咐让人心惊肉跳，把善意的提醒变成了阴毒的诅咒。于是，我们经常得到这样的回应：“你怎么就不盼我点儿好呢！”

孩子上学了，您寄予厚望：“尊敬老师，努力学习，全面发展……不然将来就没有出息。”最后一句话让人丧气，把殷切的期望变成了不详的谶语。于是，我们经常得到这样的回击：“没出息也是你教的。”

聪明的朋友，多说一句话，喜鹊变乌鸦。无论是做事还是说话，都要讲究一个度，过犹不及，看起来向同一个方向前进的一小步，真理就可能变成谬误。教师与学生谈话，要懂得及时闭嘴，既然不能画龙点睛，那就坚决不要画蛇添足，请把最后一句话咽到肚子里，不要让最后一根稻草把骆驼压垮！

老师们，说话是一门艺术，是教师的基本功，为了更好地工作，我们要不断地反思自省：“我会说话吗？”

做一个心藏锦绣的人

有个笑话说，有一天，苏轼和佛印一起打坐，苏轼问佛印看到什么，佛印说看到一尊佛。佛印转而问苏轼看到了什么，苏轼说看到一堆牛粪。苏轼自觉占了便宜，回到家便和苏小妹说起此事。小妹笑道："佛印看到佛，说明他心中有佛；你看到牛粪，说明你心里有牛粪，所以输的人是哥哥。"好一个睿智的苏小妹！

这个笑话揭示了一个道理——境由心生。教师也是如此，学生是"牛粪"还是"鲜花"，从某种程度上说，不取决于学生，而取决于教师，取决于教师的内心。你是"刨粪者"，学生就是"牛粪"；你是"赏花人"，学生就是"鲜花"。作为教师，我们要做心藏锦绣的赏花人，去发现学生的好，去欣赏学生的美。

一、学生没有那么笨

经常听家长和老师们抱怨："现在的孩子什么都不会干，被子叠不好，床单抻不平，连袜子都洗不干净……"但是，面对这些"又懒又笨"的小皇帝、小公主，我们做了什么呢？常常是一边抱怨、指责，一边越俎代庖。

每年新生入学之时，不论是小学、中学还是大学，不论路程远近，很多家长都要亲自送孩子上学。家长背着大包小包把孩子送到学校还不算完，还要把孩子送进宿舍，还要亲手给孩子把床铺好，把东西放好，然后满头大汗安心离去。

中考、高考是学生生活中的一件大事，学生、家长、学校都很重视。于是，每年中考、高考之时，不仅家长全程陪护，学校也要派出老师送考，并要求老师给学生拿着准考证，入场前再发给学生，考完再收回来，以免丢失。

类似的事情不胜枚举。于是，中国的家长成为最累的家长，中国的教师成为最累的教师，中国的学生成为最“笨”的学生。我们开始抱怨，也开始担心，担心他们会成为垮掉的一代。

我也曾这样抱怨过、担心过。但是，有一件事改变了我，使我不再杞人忧天。

2008 年，校园里出现了几处涂鸦。针对这个问题，领导决定疏堵结合，因势利导，把围墙设为艺术墙，让学生们挥洒画笔一展才华。

当时，对于这个新鲜事物，我虽有满腔热情，却不知从哪里下手。没想到，创办艺术墙的消息一出，学生们热情高涨，建言献策，妙计迭出。有一个学生写了一份详细的说明书，从颜料的选择，画笔的使用，到辅助工具的准备，以及作画方法、注意事项，都做了具体的说明，言简意赅，通俗易懂，足足写满了两页 A4 纸。这两页纸成为艺术墙创作的“纲领性文件”。当我热情洋溢地表扬她时，她平静地说：“这没有什么，我爸爸是做户外广告的，我经常看爸爸画墙体广告……”

墙面是水泥抹的，要先刷成白色才能作画，我挥汗如雨地干起来。刷墙的辊子来回滚动，涂料甩得满地都是，刷出来的颜色深浅不匀。更让我苦恼的是，新买来的辊子用了一天，第二天就干了，变成了一个硬邦邦的刺猬，不能用了。一名初一的小女生怯生生地走到我面前说：“老师，我帮你。”我不信任地把辊子交给她。只见她熟练地拿起辊子，娴熟地滚动着，涂得又快又匀。我吃惊地看着她，她笑着说：“老师，我们家是搞室内装修的，我家最多的就是涂料和辊子……您用完之后，把辊子泡在水里，辊子就不干了，第二天可以继续使用……”

二、学生没那么懒

整个艺术墙创作历时一个月，发生了很多令人感动的事情。

一天傍晚，下午还响晴的天忽然阴了起来，乌云密布，狂风大作，一场暴雨就要来临。已经放学回家的小 A，不顾家人的阻拦，骑车返回学校，把刚刚画完、还没有干的画用塑料布苫了起来。等他冒着大雨回到家，已经晚上九点多了。你能说这个孩子懒惰、娇气、没有责任感吗？当然不能。

当 120 幅图画组成的艺术长卷展现在校园里的时候，老师们彻悟了：学生不笨，学生不懒，学生的起点不是零，更不是负数；给学生一个机会，就会创造一个奇迹，收获一份惊喜。学生其实很能干！

所以，我们不要总是埋怨、哀叹，也不要总是越俎代庖、包办代替，而要放开手脚，让他们去经风雨见世面，让他们去体验失败，享受成功，增长才干！

三、学生没那么独

很多人觉得现在的孩子最大的特点是独，不善于交往、不善于合作，总是以自我为中心考虑问题。

刚开始创作艺术墙的时候，初二的小明找到我说：“老师，我特别想画艺术墙，同学们嫌我不会画，哪个小组都不要我。”

我对学生们说：“在将近三米高的墙上画画和在纸上画画是不一样的。你站在桌子上画，就要有人扶桌子，递画笔，调颜料，甚至需要有人帮忙打水洗手，跑腿买饭。这不是一个人能够完成的，需要与人合作；要学会与高于自己的人合作，还要学会与不如自己的人合作。”

经过反复动员，有一个小组勉强接纳了小明，让他负责后勤保障工作。没想到，小明给这个小组带来了新气象，成为小组的核心。因为小组成员都自认为有水平，自以为是，各自为战，争吵不休。小明加入以后，认真为大家服务，耐心听取每个人的意见，再进行协调沟通。渐渐地，争吵少了，协商多了，同学们懂得了与人合作既要坚持自己的主张，还要学会妥协与让步；既要张扬个性，更要谦让、包容。

“人”字的结构就是相互支撑，通过艺术墙创作活动，这些独生子女学会了合作，也懂得了包容。学校要求在画的右下角签上主创者的名字，但大部分作品签的是创作组或班级的名字，他们说：“作品是共同完成的，荣誉归于集体。”

艺术墙创作活动让我们认识到学生没有那么独。

四、学生没那么坏

在信息化不断发展的今天，有些学生表现出超越年龄的成熟，他们似乎什么都懂。于是，作为教师，我们一边抱怨学生幼稚，一边又在抱怨学生“早熟”。

小D是班里年龄最小的一名学生，也是一个令人头疼的学生。他思想消极，偏激多疑，行事自由散漫，说话尖酸刻薄，总是以最高的标准要求别人，以最低的标准要求自己。他经常不做值日，不跑早操，不按时返校，有一段时间还经常给同学讲一些乱七八糟的故事。

经过了解发现，他很爱看电影《古惑仔》，认为里面的人物都很有个性，又觉得自己个子小，怕被人欺负，所以说话、做事都模仿古惑仔。他很幼稚，不会与人交往，但又渴望与人交往，认为这些故事能引起大家注意，显示自己的成熟，所以故意给同学们讲那些故事。

找到原因以后，我采取了限制和引导相结合的方法，告诉他讲这些故事的危害，勒令他不许再讲，还专门指定一个同学监督、提醒他；把他应该做的事情明确列出来，让他知道哪些该做，哪些不该做；要求他每周向我汇报一次，对一周的表现做出总结分析。慢慢地，他变了，衣服干净了，腰杆挺直了，性格开朗了，对人对事的态度积极起来了。

看着他灿烂的笑脸，我明白了，学生没有那么坏，他们都有一颗纯洁、晶莹、金子般的心。

五、学生没那么复杂

经常听老师们抱怨，现在的学生真是了不得，撒谎都不用打草稿，于是，得出结论，现在的学生人小鬼大，太复杂，太难管了。有一段时间，我也这样认为，但经过认真观察和思考，我发现学生其实很简单。

我自己也遇到过这样的事情。有一次，我发现一个男生身上有烟味，就判定他抽烟了。怎么办呢？如果直接问，他肯定不承认，必须有确凿的证据，让他无可抵赖才行。

周末下午，他没有回家，一个人在宿舍里休息。我来到他的宿舍，发现窗帘的挂钩坏了，用尼龙绳拴着，很难看。我拿来挂钩，让他上去把绳子解开，换上挂钩。因为窗帘太高，不好用力，再加上尼龙绳系得太紧，解不开。我说:“用火烧一下就断了。”他下意识地从裤兜里掏出了打火机。

窗帘挂好了，我说:“把打火机给我吧。”此言一出，他意识到问题严重了，只好把打火机给我。

以打火机为切入点，我开始“顺藤摸瓜”了！把烟拿出来吧！哪儿来的烟呀？为什么抽烟呀？从什么时候开始抽烟呀？和谁一起抽呀？……

我的问题在逐步深入，他的回答也越来越“雷人”，最后形成了一个复杂而又令人心惊肉跳的故事，他就是故事的主角：在他们县城，他有一大帮哥们，他是大哥，大家都听他的。最近，他帮助一个人摆平了纠纷，人家为了感谢他专门从外地给他送来了香烟……

开始是我问他答，后来就不用问了。他幽幽地讲述着，声音低沉，脸色凝重，很有点儿“江湖老大”的派头。

我被这个故事惊呆了，赶紧打电话叫来家长，把事情讲给家长听。家长开始一头雾水，后来苦笑着说:“老师，他撒谎呢。他因为个子小，胆子小，上学又早，从小就受气，从小到大，只有挨打得份儿，从来没有打过人。他每次回家就在家里待着，哪儿都不去，哪有什么哥们朋友。不过，他很爱看书，爱幻想，经常把自己想象成小说中的人物……”

我把这个学生叫到办公室，告诉他不要说谎，实话实说。事情原来很简单。他因为最近成绩下滑，心里很郁闷，平时总觉得自己没有男子汉气概，回家看到柜子里有香烟，趁家长不注意抽了两根，觉得很刺激，返校时就把烟带来了。至于那个“传奇的故事”，都是为了逃避批评而编造的谎言，故事情节就来自所谓的校园读物。至于那个“团伙大哥”“不良少年”的形象也只是谎言的衍生品而已！

后来我问他:“当初为什么不实话实说？”他反问我:“老师，我说实话你信吗？”是啊，他说实话我会信吗？我不信！

梳理整个事情的来龙去脉，我发现，学生真的很简单，抽烟的动机很简单，撒谎的动机很简单，解决的方法也很简单。为什么会有那么复杂的一个过程呢？聪明反被聪明误，因为我们习惯了“复杂”，所以事情就不“简单”；因为教师“复杂”，所以学生就不再“简单”！

试想一下：当教师挥舞着“批评、罚站、叫家长、回家反省、记过开除”的杀威棒来到学生面前的时候，学生连找个借口、编个理由自我保护一下都不可以吗？如此看来，很多时候，学生撒谎是因为我们对他们说真话不宽容。

亲爱的朋友们，你来看花，学校就是花园，学生就是花朵；你来战斗，学校就是战场，学生就是对手。怎么看待学生，这不是眼睛的问题，而是心灵的问题。让我们常怀一颗锦绣之心，做一个幸福的赏花人吧！

做一个善待自己的人

初看这个题目，您可能觉得奇怪，谁会不善待自己呢？其实，人最难善待的就是自己，最难处理的关系就是与自己的关系。在日常生活中，我们经常莫名其妙地和自己发生冲突，有时候，这种冲突还很激烈，甚至达到不可调和的地步。胖子不喜欢胖，羡慕瘦子的曼妙身材；瘦子不喜欢瘦，羡慕胖子的丰满、富态；矮个子羡慕高个子的亭亭玉立，高个子羡慕矮个子娇小可人；弱不禁风的希望茁壮，结实、壮硕的又渴望小鸟依人；皮肤黝黑的渴望变得白皙，皮肤白皙的渴望拥有古铜色……似乎每个人都对自己不满意，都在和自己较劲儿，于是心灵的天空硝烟弥漫，自我冲突不断升级，生活变得异常拧巴。

人为什么不能善待自己呢？

一、不知道自己拥有什么，妄自菲薄，不悦纳自己

和老师们交流，经常有老师说："田老师，你真棒，你就是天生当老师的料。我不行，没有你的口才，没有你的学识，没有你的智慧，没有你的经验……"每次听到这样的话，我都会告诉他："你也很棒，只是你自己不知道而已。只要懂得悦纳自己，欣赏自己，善待自己，你就能够成功。"

怎样悦纳自己呢？让我们静下心来，盘点一下自己的知识、才华和能力，你会发现你就是最好的老师。

你年轻吗？没有经验，也没有羁绊，一张白纸能够画最新、最美的图画；你年长吗？体力减弱，但经验丰富，老马识途，得心应手；你能言善辩吗？那你就多与学生沟通；你沉默寡言吗？沉默是金，此时无声胜有声。胖是丰满，瘦就是骨感；高是伟岸，矮就是浓缩的精华。当你了解了自己、接

纳了自己、能够与自己和睦相处的时候，你才能够静下心来，很好地处理人与我的关系、人与事的关系！

金无足赤，人无完人，每个人有自己的长处与短处，我们要客观地、一分为二地认识自己，既不要妄自尊大，陷入自负的云雾，也不要妄自菲薄，跌入自卑的深渊，而要学会发现自己，欣赏自己，成就自己，努力发掘自己的优势，把优势变为强势，还要勇于面对自己的不足，巧妙地把劣势变为独有的优势。

一个人只有弄清楚自己能做什么，才能拥有自信，进而把能做的事情做到最好。这就是悦纳自己、善待自己的好方法。

试想，你自己都不喜欢自己，谁还能喜欢你呢？你与自己都不能和睦相处，怎么与别人和睦相处呢？

二、不知道自己需要什么，盲目比较，心理失衡

在这个充满诱惑的时代，人很容易迷失自我。有人骤然暴富，有人一夜成名，有人平步青云，有人春风得意，这些都会搅动我们的心绪。

与含着金钥匙出生的“富二代”相比，与坐着金交椅来到人间的“官二代”相比，与戴着耀眼光环降生的“星二代”相比，与一掷千金的富商、主政一方的官员、光彩照人的明星相比，自己仿佛是上天的弃儿。于是，心灵的天平失衡了，这山望着那山高，静不下心，沉不住气，心不甘情不愿，忙碌着埋怨着。快乐渐行渐远，成功遥遥无期，痛苦却如影随形。于是，自己和自己的战争开始了，且冲突不断，不可调和！

怎么解决这种自我冲突呢？

你要学会和自己对话，心问口，口问心，问一问自己真正需要什么，及时地清理心灵的垃圾，实现内心的和谐。如果你需要金钱就去经商，需要做官就去从政，需要出名就去从事演艺工作。而如果你选择了做一名教师，那就要为你的选择负责。

你要知道，当你选择了教师这个职业的时候，就注定了你的生命里将没有门庭若市的火爆，没有推杯换盏的喧闹，没有追随者敬畏的眼神，更没有

谄媚者动听的歌谣。在纷繁的世界中，你就像大海里的一滴水，没有人注意你；在汹涌的人潮中，你就像无色、无味、无形的空气一般不引人注意。但你要坚信：一滴水只有融入大海才会永不干涸；即使没有人注意，空气依然是每个人生命的必需品；没有颂歌，也就没有贬损；没有追捧，也就没有跌落；没有聚合的快乐，也就没有分别的苦恼；没有门庭若市的喧哗，也就没有门可罗雀的落寞。

你还要学会从容地面对朋友和他人的成功；你要习惯被人忽略和遗忘；你要具有在寂寞中前行的那份执着；你要懂得所有的付出都是应该，所有的收获都是意外；你要明白平淡乃生活之常态，辉煌乃生活之异态。

当你想清楚自己真正需要什么的时候，你才能目标明确，全力以赴，任劳任怨，尽情地享受工作的乐趣。硝烟散尽，心灵的天空将重现丽日晴空。

三、不知道自己应该做什么，怨天尤人，徒劳无功

有人说，“我本来不想当教师，是命运把我推上了讲台”，这是无奈的选择，于是自觉生不逢时、怀才不遇，每天自怜自艾、满腹牢骚，结果是徒劳无功、误人误己。在他的心中，学校成了监狱，讲台变成刑场，学生就是敌人，同事就是对手。他惶惶不可终日、备受熬煎，心灵的天平又一次失去了平衡，冲突再起，且旷日持久。

改变能改变的，接纳不能改变的，这是聪明人对待生活的态度。既然别无选择，那就面对现实；既然责无旁贷，那就倾尽全力。调整心态，迎接挑战。忙碌产生快乐，寂寞产生烦恼，要想让土地不长杂草，最好办法是在上面种满庄稼。当你忙碌起来、全身心投入工作之中的时候，心灵的天平就不再倾斜。

我一直在想：如果是你选择了教师这个职业，那你是幸福的，因为能够做自己喜欢的事情就是一种幸福；如果是教师这个职业选择了你，那你是幸运的，因为在你还没有发现自己之时，就有人发现了你，这是多么的幸运啊！

尊敬的老师们，让我们养成与自己对话的习惯吧，经常和自己谈谈心，

弄明白“我是谁”，“我拥有什么”，“我需要什么”，“我想做什么”，“我该做什么”；让我们学会与自己和睦相处，去发现自己，悦纳自己，善待自己，成就自己，平心静气，快乐工作，实现心的和谐。

想做的尽力而为，能做的尽善尽美，必做的无怨无悔。——谨以此话和大家共勉。

第四辑

行动，让自己更精彩

九月，班主任要做好十一件事

金秋九月，是丰收的季节，也是播种的季节。作为班主任，我们迎来了新学年、新学生。那么，新学期的工作该从哪里开始呢？

一、学点儿法律知识

不论您是刚刚上任的新班主任，还是工作多年的老班主任，我建议您拿出点儿时间，学一点儿法律知识。读一读《中华人民共和国教师法》《中华人民共和国未成年人保护法》《中华人民共和国预防未成年人犯罪法》《中小学生日常行为规范》《中小学生守则》。当然，您还要仔细阅读您所在学校的各项规章制度，尤其是对各种违规违纪行为的处理规定。

通过学习，您能更好地了解教师的权利和义务，弄清楚自己的职责和底线，明确各种问题的处理方法，以使自己的工作能够顺利而安全。

二、了解学生特点

既然已经决定做班主任了，就要利用假期，研究一下未来的学生，了解学生的特点。这里所说的“特点”，不是指学生的姓名、性别、性格、成绩之类的内容（这些我们暂时无法得到），而是学生的共性特征。如果您准备接手高一，那么，就要了解一下高一学生的年龄特征、心理特征和学习特点；如果您准备接手初一，当然要研究初一学生的年龄特征、心理特征和学习特点；如果您接手小学一年级，当然就要研究小学一年级学生的相关特征了。

只有了解了学生的特点，才能找到适合学生的管理方法，顺利开启这新一轮的工作。到哪里找这些信息呢？老教师的经验值得借鉴，心理学和教育学方面的书籍、报刊中也有相关的讲解和论述。当然，如果百度一下，此类信息定会铺天盖地席卷而来。

三、制订班级计划

如果说班级是一条航船，那么班主任就是船长，学生就是水手，几年的学习周期就是一次远航。一条航船要想顺利抵达目的地，就要制订科学的航行计划；一个班级要想顺利到达理想的彼岸，就要提前制订班级发展计划。

班主任是班级建设的总设计师，是班级这条航船的船长，要利用假期想一想：你希望班级成为什么样的班级，学生成为什么样的学生，你准备采取哪些措施，运用什么方法，通过哪些步骤来实现这些目标，可能会出现什么问题，出现问题怎么解决，等等。想好之后，落笔成文。开学之后，交由学生们讨论、修改，师生达成共识，形成一个学生认同的班级计划。

没有目标的航船往哪个方向走都是错的。明确目标，制订班级发展计划，这是新班级成立的第一要务，班主任责无旁贷。

四、读准学生名字

新生入学第一天，班主任要做的第一件事就是点名，这看似简单的一个环节，却是对班主任工作态度和学识水平的一次考验。稍有不慎，读错了学生的名字，就有可能陷入被动和尴尬的境地，甚至因此失去学生的信任和尊重。所以，建议您提前看看学生的名单，不仅看学生的成绩、性别、毕业学校和身体状况，更要看学生的名字。

为什么要看学生的名字呢？因为中国的家长很重视孩子的名字，为了给孩子起一个好名字，不惜打卦问卜，遍翻史籍，以至于有些学生的名字非常生僻，还有些学生的名字是多音字，稍不注意就可能读错。怎么办呢？认真看看学生名单，提前查查字典，记住生僻字的读音，读准多音字的读音，避免在课堂上出现尴尬的局面。

如果实在查不到、分不清怎么办呢？我的建议是大方、坦荡地问问学生“这个字该怎么读”。这种坦荡不会影响您的形象，有时还能给您加分。有一个刚毕业的大学生，因为缺乏经验，没有提前看学生名单，第一次点名的时候，被一个生僻字卡住了，在全班学生面前闹了一个大红脸。他很懊恼，以为学生会看不起他。没想到结果恰恰相反，学生们非但没有看不起他，反而很尊敬他。原因何在？那个名字中有生僻字的学生给出了这样的理由："这个字很生僻，是我爷爷从《康熙字典》里挑的，一般人都不认识，老师不认识也很正常。关键是这个老师不虚伪，够坦荡。"

有些学生的名字并不生僻，但是很容易使人产生联想，对此教师也要稍加注意。比如，"杜紫藤"这个名字很好听，但稍微读快一点儿就成了"肚子疼"，如果教师点名读成这样，也许会引起全班学生哄堂大笑，也许"肚子疼"就成了这个学生的外号。怎么办呢？点名的时候注意一下停顿和重音，或者干脆去掉姓氏，只读名字，会显得更加亲切。

五、开好第一个班会

良好的开端是成功的一半，开学第一天的班会非常重要。新生刚刚入学，进入新班级，见到新老师，认识新同学，都想给大家留下好印象。他们对老师的要求会认真倾听、言听计从，此时，教师的一句话等于以后的一百句，所以班主任要利用学生这种心理，开好第一个班会。

第一个班会讲什么内容呢？教师应该做一个简单的自我介绍，以便于师生和谐相处；讲一讲新学期、新学年、新学段的特点，以便于学生尽快适应新生活；而最最重要、刻不容缓、必须讲清楚的是学校的规章制度和纪律要求，这就等于给学生设置了一道警戒线，让学生知规矩、懂进退，有效避免无意识犯错。

怎样开好第一个班会呢？一要提前准备，形成教案，不要信口开河，想到哪儿说到哪儿；二要注重实效，不要说大话、空话和套话，所提要求要具体、明确，具有可操作性；三要态度真诚，晓之以理，动之以情，不仅要给学生提要求，也要给学生讲明道理，让他们认识到遵规守纪的重要性，使他们能够自觉、自愿地遵守纪律。

六、公平、公正排座位

排座位，也是开学第一天必须做的一件事。小座位是个大问题，学生重视，家长重视，班主任也必须重视。

怎样排座位呢？班主任要遵循民主协商、公平、公正的原则，先让学生各抒己见、充分讨论，民主商定排座位的方案。排座位的方案一旦确定，就要严格遵守，任何人都不能例外，即使班主任也不能例外。

据我个人的经验，新生一般喜欢按照身高排座位，这是最简单透明、最容易操作的方法。怎么排呢？先让学生按照身高排队，男生一队，女生一队，然后依次走进教室，一条龙穿插坐好，座位就排完了。

如果有学生或者家长请求“照顾”怎么办？一般情况下我会拒绝，比如，视力不好、不想与某人同桌、习惯坐在某个位置，等等，这些情况一律不照顾，当然不是简单、生硬地拒绝，而要给出理由和办法。现代科技很发达，视力不好可以配眼镜；广交朋友是成长的重要一课，换同桌就是结识新朋友的重要途径；改变旧习惯才能实现自我突破。如有极为特殊、的确需要照顾的学生，我会征求同学们的意见，得到同意之后给予适当照顾。

总之，班主任不要搞一言堂，按照自己的意志去排座位；也不能大撒把，让学生自己随便选座位；更不要“以座谋私”，根据亲疏远近或成绩优劣排座位。

七、开好第一次家长会

家长是孩子的第一任老师，也是终身教师，更是教师的同盟军，班主任要尽早召开一次家长会，了解学生的情况，建立家校联盟，做到家校结合，让管理不留空白。

家长会讲什么内容呢？第一，要介绍一下班级的情况、学校的教育理念、本学段学习的特点、需要注意的问题以及应对的方法，让家长心中有数。第二，要告诉家长家庭教育的作用、家校结合的意义，为家长支招献策，让家长和学生共同成长，成为教育的内行。第三，要搜集信息，全面了解学生情况，包括身体状况、兴趣特长、性格爱好、家庭成员、生活背景、成长经历，等等。最简单的方法是设计一个表格，让家长如实填写，教师认真研究，做到心中有数，以使今后的管理工作更加安全、有效。

八、安排好值日小组

值日工作每天都要做，人人都要做，怎么安排呢？这是考验班主任能力的一件事，我采取了简单化的处理方法。

排好座位之后，两纵列为一组，把全班分为四组；通过毛遂自荐的方式任命值日组长；四组轮流值日，每次值日一周，周一开始，周日结束；循环往复以至毕业。

怎样保证值日质量呢？值日天天做，要求天天讲。在第一个班会上，班主任要统一讲明值日任务、值日标准、值日时间、检查反馈的方法和奖罚措施。班主任要时时关注，亲自检查，及时反馈，利用班会课对各组值日情况做出讲评，把奖惩措施落到实处。

为了调动学生的积极性，有的班主任让不爱值日的“懒学生”做组长，以为“懒学生”做了组长就会以身作则变勤快。这种做法真的有效吗？不一定。希望班主任对此要认真思考，三思而后行。

九、塑造积极向上的班级文化

积极向上的班级文化是班级建设的重要组成部分，也是班级发展的重要推动力。

如何塑造积极向上的班级文化呢？班主任要利用新生积极向上、热情单纯、急于表现的特点，借助班歌、班牌、板报、墙报、运动会、征文比赛等校园活动，塑造积极向上的班级文化。以班牌设计为例，班牌包括班徽、班训、班级目标、班主任寄语、班主任照片五项内容。我发动全班学生开展班徽设计大赛，利用班会课进行展示评比，让每名学生说出自己的构思，选出最佳设计方案，再由学生们讨论班级目标和班训。我也会把班主任寄语的内容讲给学生听。这个过程就是一个统一思想、激发正能量的过程。有了这个过程，小小一张班牌就成了班级文化的载体，起到了凝聚人心的作用。

十、过好一个节日

九月十日是教师节，这是新班级成立后的第一个教师节，是对学生进行尊师教育的契机，也是建立良好师生关系的契机。该如何充分利用这个节日呢?

最简单的方式是召开以“感恩老师”为内容的主题班会，让学生们谈谈自己与老师之间的故事，激发学生对老师的感恩之情；班主任向学生们介绍各任课老师的工作业绩，使学生们更加了解、尊重任课老师；还可以请任课老师参加班会，让老师们谈谈自己和学生的故事，让学生理解老师的良苦用心。班会还可以设置一个“师生对话”环节，让学生说说最喜欢什么样的老师，老师说说最喜欢什么样的学生。这种友好、真诚的对话，能使师生增进了解，关系更加和谐。

十一、打造温馨班级

面对陌生的环境、陌生的教师、陌生的同学，学生多多少少会产生一些紧张情绪。如何让新生尽快放下紧张和不安的情绪，融入新的学习生活呢?这是每一个教师尤其是班主任应该思考的问题。

您想知道陌生环境会给人带来怎样的影响吗?只要听一听新生儿离开母体的第一声啼哭，摸一摸小孩子在陌生人面前紧紧抓住妈妈衣角的小手，看一看第一次进幼儿园的孩子紧张不安的表情就知道了。那份紧张不安来自内心，深入骨髓，遍及身体的每一个毛孔。

其实，面对陌生的环境，不仅小孩子会感到恐惧、紧张，大孩子乃至成年人也会感到紧张不安。有一次，新生入学报到，一名初一女生站在女厕所门外，红着脸问我:“老师，这是女厕所吗?”厕所的门上有明显的标志，她看了又看，但还是要问一下。为什么?因为陌生的环境让她感到不安。

一次家长会，小明的父亲来晚了。他满怀歉意地拍着小明的肩膀对我说:“对不起，老师，我来晚了，我是他的儿子……”说到这里，我愣住了，小明愣住了，小明的父亲也愣住了，教室里一片尴尬。这不是小品里的桥段，而是发生在我们身边的真实故事。造成这种尴尬的罪魁祸首就是陌生环境带给人的紧张感。

这种紧张感我也体会过。2009 年 9 月，我应邀到日本参加友好学校的开学典礼。第一次踏出国门，没有激动，只有紧张。一下飞机，我被浓浓的陌生感包围着，看到的是日文，听到的是日语，面前走过的是日本人，似乎在顷刻之间，我的眼睛、耳朵、嘴巴同时“失灵”了，看不明，听不懂，说不出，木偶一般跟着别人移动、点头、微笑，拘谨、呆板，手足无措，如林黛玉进贾府一般，不敢多说一句话，不敢多走一步路，真有度日如年之感。短短五天，在我仿佛经历了一个世纪般漫长。而当我返回祖国的时候，似乎就在飞机落地的那一瞬间，我的耳朵、嘴巴、眼睛、大脑全部恢复了功能，我又成了那个眼观六路、耳听八方、从容自信、果断灵活的我。

我要声明一点：我不崇洋媚外，也不自卑缺钙，也想潇洒走一回，但陌生的环境使我变得紧张不安，于是，就变成了小心谨慎的林黛玉、懵懂无知刘姥姥。

但是，人生最大的无奈，就是要不断地离开熟悉的环境，走进陌生的环境，去感受这种恐惧与不安，去开拓自己的人生与未来。进幼儿园，入小学，升初中，进高中，读大学，入职场，我们一次又一次地离开“熟悉”，走入“陌生”，经历心灵的震荡与考验，完成人生的跨越与成长。

那么，如何才能减少因环境变化带来的“心灵震荡”，避免衔接不当造成的“断裂伤害”，让孩子顺利融入陌生的环境呢？

做好衔接工作，消除环境的陌生感。很多年前我看过一篇报道，介绍香港一所小学开学的情景。为了让孩子们尽快适应学校生活，完成从幼稚园到小学的过渡，开学前，校长到附近的幼稚园了解情况，发现幼稚园里摆放着米老鼠和唐老鸭的玩偶，孩子们非常喜欢。开学那天，学校特意安排两位教师扮成米老鼠和唐老鸭的形象，站在校门口迎接新生。

孩子们非常高兴，拉拉米老鼠的手，摸摸唐老鸭的绒毛。“学校也有米老鼠和唐老鸭耶！这里和幼稚园一样好。”“这里比幼稚园还好，幼稚园的米老鼠和唐老鸭不能动，这里的能动。”这似曾相识的感觉使孩子们忘记了紧张，喜欢上了新学校。

态度亲切、和蔼，拉近师生的心理距离。除了“似曾相识”的校园环境能带给学生熟悉感之外，亲切、和蔼的教师也能缓解新生的紧张情绪。一个相貌平平、家庭贫困的女生说："我们班主任特别漂亮，特别洋气。我很喜欢她，但我见到她就紧张，不敢和她说话，怕她看不起我。"不要把学生的这种情绪简单地归结为自卑或青春期敏感，在白天鹅面前，丑小鸭很容易产生自卑心理。

细节决定成败，教师在开学前，要对学生进行必要的了解，提前做好准备，使自己的言谈举止既符合教师的行为规范，也接近学生的心理预期，以便拉近师生之间的心理距离。有一年，我班的学生大多来自农村，很多学生第一次来到省城。开学那天，我穿了一件朴素的 T 恤衫，学生感到很亲切，这就是他们熟悉的教师形象。有一次中途接班，学生大部分来自城市，多数是家境优越的独生子女，进班那天，我穿了一套职业装，学生觉得新老师很干练，这就是他们期待的教师形象。

唯有温暖御春寒，要消除学生的紧张情绪，教师就要主动一点儿，热情一点儿，多给学生一点儿关心和指导。当学生欲言又止、不敢提问时，教师及时给予鼓励；当学生站在办公室外犹豫、彷徨时，教师主动说一声"请进"；当迎面走来的学生手足无措不知如何问候时，主动送上一声问候……这既是沟通，也是示范，更是教育！

1997 年暑假，我到大连旅游。在海滩上，一个卖纪念品的妇女正在吃黄瓜，同行的朋友说："这里的黄瓜形状好奇怪呀，看样子一定很好吃。"说者无意，听者有心。那个妇女立刻把手里的黄瓜掰了一截递了过来："对不起，就剩这一根了，这边我没有咬，你吃吧。"我们并没有接过那半截黄瓜，但那亲切的话语和友好的举动，犹如一股暖流流遍了全身，身在异乡的紧张感顿时消失得无影无踪。我们尽情地在海滩上奔跑，在大街上漫步，在小摊上砍价，就像在自己的家乡一样放松、惬意、自在、潇洒，那是我最轻松、最尽兴的一次旅游，从那以后我爱上了大连。

因为一个人爱上一座城，居然如此简单；对成长中的孩子来说，因为一个老师爱上一个班级，爱上一所学校，爱上一门学科，又有何难呢？

无可奈何花落去，似曾相识燕归来。要想消除新生的紧张感，让他们尽快适应新的学习生活，就要努力做到环境温馨一点儿，老师亲切一点儿，要求具体一点儿，管理人性化一点儿，使每一位新生都能感受到乳燕归巢的快乐和幸福！

教师，一个神圣的名字；九月，一个崭新的开始。班主任要想让这新的教育旅程更加精彩，就要稳扎稳打，脚踏实地，一步一个脚印地往前走！

十月，班主任要做好六件事

对起始年级的班主任来说，十月份又有哪些事情要做呢？

一、上好爱国主义教育课

十月一日是国庆节，这是举国欢庆的日子，也是对学生进行爱国主义教育的契机。班主任要根据学生的年龄特点，运用各种教育手段，通过多种教育形式，上好爱国主义教育这重要的一课。

国庆节前后，学校以及上级部门统一组织的爱国主义教育活动一定很多，比如，举行以爱国为主题的板报、墙报、手抄报、讲故事、诗朗诵、演讲、征文、合唱等比赛，这些活动都非常重要而且有效，能够制造良好的教育氛围，形成爱国教育的“磁场”，产生强大的场际效应。班主任一定要全力配合，把爱国主义教育推向高潮，落到实处。

除此之外，班主任一定要召开一个以“爱国主义”为主题的班会，让爱国主义思想在学生的心里生根、发芽、开花、结果。

班会的内容要有针对性和实效性。教师针对小学一年级的学生，应该以“认识祖国”为主，让他们了解并记住祖国的名字、国旗、国歌、国徽等知识，记住自己是一个中国人；针对初中一年级的新生，应该以“了解祖国”为主，让他们了解祖国的伟大，培养他们的民族自豪感；针对高中一年级的学生，应该以“怎样爱国”为主，让他们明白自己与祖国的关系，明白空谈误国，实干兴邦，爱国需要行动和能力，培养他们热爱祖国的责任感和使命感。

爱国主义教育是学校教育的永恒主题，是教育的主旋律。爱国主义教育不是一阵风，呼啸而过不留痕迹；也不是一片云，飘忽不定、聚散无常，而是一棵树，植根于每一个学生的心中。国庆节只有一天，但爱国主义教育应该落实在每个人、每一天。我个人把每年的十月定为班级的“爱国主义教育月”。

二、上好安全教育课

十月是旅游的黄金季节，很多家长利用国庆假期带孩子出游。为了让学生安全、快乐地度过假期，班主任要利用班会，对学生进行安全教育。而且，班会之前，班主任要认真备课，争取一次性地把安全问题讲明白。

交通安全。不论是小学生还是中学生，不论他们对交通规则有无了解，班主任都要详细、认真地进行讲解，以起到普及、巩固和强化的作用，让学生成为遵守交通规则的示范员、宣传员和监督员。

有一个画面深深地印在我脑海中。十字路口，红灯亮起，一个骑着电动车的女士载着一个八九岁的女孩飞驰而过。女孩双手抱着妈妈大声地喊：“妈妈，停，红灯，红灯，红灯停……”妈妈非但没有停下来，反而大声训斥孩子：“闭嘴，哪儿那么多废话，坐好了。”这个画面令我难忘，也给了我希望。我觉得要破解“中国式过马路”的难题，要提高国民素质，从娃娃抓起也许更容易。所以，班主任一定要对学生进行交通安全的教育。

交往安全。班主任要提醒学生不要和陌生人外出，不要带陌生人回家，不要搭乘陌生人的车辆，不要随意接受其他人尤其是陌生人的礼物。遇到需要帮助的陌生人，可以帮助他打电话联系家人、打 110 报警，或者送他到附近的公安局或派出所，但不要送他回家。不要私见网友，不要进入歌厅、舞厅等不适合未成年人进入的场所。

我们也要告诉学生，尤其是女生，不要穿过于暴露的服装，不要和异性长时间单独相处，对熟悉的异性也要保持适度的警惕，因为有调查显示，在未成年人被侵害案件中，熟人作案的比例也很高。

集会安全。随着经济的发展，人们的文化生活也越来越丰富，学生参加集会的机会也越来越多。班主任要告诉学生参加大型集会应该注意的问题：进入集会场地，先要看清楚安全出口的位置，以便遇到问题及时逃生；进场、退场不要拥挤、喧哗，尽量躲开狭窄、拥堵的地方，以免造成踩踏事故；要遵守公共秩序，争做文明观众；不要抛扔杂物，不要起哄闹事，不要随意触碰场馆设施的开关按钮……

饮食安全。民以食为天，美食的诱惑有时难以阻挡。秋季是腹泻、痢疾等胃肠道疾病多发的季节，班主任要提醒学生注意饮食卫生，养成良好习惯，以防病从口入，要做到饭前便后洗手，少吃油炸的垃圾食品，不要在卫生不达标的路边摊用餐，学会自我控制，不要暴饮暴食……

居家安全。家本来是最安全的地方，但随着科技的发展和人们生活水平的提高，家中的安全隐患也越来越多。我们要告诉学生，单独在家时要注意用火、用电安全，对陌生的来访者也要保持必要的警惕。举家外出时，要锁闭门窗，关好水管、电、燃气的开关，切断电源等。很多教师认为，这些事情自有家长负责，不用孩子操心。我不这样认为，因为每一个人都要有安全意识，都要为自己的安全负责，而这就是帮助学生树立安全意识的好机会。

意外事故。对车祸、沉船、溺水、火灾、地震、海啸、山体滑坡、雷击、台风、意外伤害等事故，班主任也要给学生讲清楚，如何预防，怎样应对……

安全教育的内容很多，涉及生活的方方面面；安全教育的形式也很多，听讲座、看视频、开班会、举办知识竞赛，等等。

需要注意的是，许多人在对学生进行安全教育的时候，总是要举出大量鲜活的案例，想以此引起学生的注意，提高说服力，但是对未成年的学生来说，那些过于惨烈的画面，也可能会给他们留下心理阴影，造成心理问题。有一段时间，媒体报道了多起电梯伤人事件，杭州的一位女士因此而产生了“电梯恐惧症”，不仅不敢乘坐电梯，一提到电梯就害怕、恶心，后来居然不敢去上班了。这虽然是极端个例，但可为教育者鉴。

三、培养良好习惯

培根说，习惯真是一种顽强而巨大的力量，它可以主宰人的一生，因此，人从幼年起就应该通过教育培养一种良好的习惯。培根的话说明了习惯的重要性。那么，培养什么习惯、如何培养习惯呢？对象不同，学段不同，培养的侧重点自然也不相同。我个人比较重视培养弯腰、倾听、思考、问好、预习、复习、做笔记、低声说话、物归其位、右侧行走等十个习惯。

“弯腰”指主动弯腰，捡起地上垃圾，这个习惯能培养学生的责任感，增加班集体的凝聚力。“倾听”指虚心接受他人的意见和建议，不随便打断别人谈话，这是有效沟通的前提。“思考”指遇到问题认真思考，沉着、冷静、不冲动。礼貌是人与人之间的润滑剂，养成“问好”的习惯能使班级更和谐，人生更美好。“物归其位”指把物品放回原位，这能培养学生严谨的作风，使生活更加高效、有序。“低声说话”“靠右侧通行”是现代公民必备的良好素质。走在狭窄的楼道、逼仄的楼梯上要“慢步轻声靠右行”，在超市、车站、机场等处的滚动扶梯上靠右侧站立；在电梯中，“先进来的靠边站”，等等，既是国际惯例，也是基本常识。如果我们的学生连基本常识都不懂，连起码的公序良俗都不遵守，教育的成功又从何谈起呢？

良好习惯成就美好人生。但是培养一个好习惯很难，而失去一个好习惯却很容易。所以，习惯培养贯穿教育的始终，不能等也不能停，从新生入学第一天就要开始做。只是因为九月份事情太多，所以才把“培养良好习惯”这个内容放在十月份来谈。

四、进行学法指导

对初来乍到的新生来说，九月份是忙碌的，也是盲目的。进入十月份，随着对环境的了解，陌生感、新鲜感渐渐消退，喧闹归于宁静，一个严酷的现实摆在学生面前，这个问题就是——学习困难。

刚开学的时候，教学进度慢，学习任务轻，课业难度小，课后作业少，学生轻易就能应付，这给部分学生带来一个错误的认知，以为学习是一件很轻松的事情。进入十月份，教学进度加快，课堂容量加大，课业难度增加，课下作业增多，很多学生感到“学习困难”，随之产生“畏学”情绪，班主任如果不及时引导，“畏学”就会变成“厌学”甚至“弃学”。

打个比方来说，班级好比一支长途行军的部队，开始出发时，人马拥挤，大家迈不开步子；一段路程之后，就会拉开距离，有人落伍，有人掉队。班主任不要等到队伍散乱了、学生掉队了，再来收拾残局，而要未雨绸缪，防患未然。开一个学习方法交流会，告诉学生各个学科的特点、可能出现的问题以及解决的方法。可以请任课老师参加，让他们讲讲所任学科的特点及学习方法；也可以请高年级的学生介绍学习经验，如果请已经毕业、就读名校的学长来介绍经验会更有效果；还可以请教育专家做学习方法的专题讲座。

需要注意的是，现在流行的学习方法很多，诸如，“状元笔记”“快速记忆法”，等等。很多家长、学生非常迷信这些方法，以为找到了打开知识宝库的金钥匙，于是不加选择地照搬照用，结果很不理想。班主任要告诉家长和学生，一把钥匙开一把锁，钥匙能否开锁，关键不在于其质地是黄金还是黑铁，而在于其是否投簧，学习方法也是如此，检验其好坏的唯一标准是有无成效。

五、组织好大型活动

一般情况下，每年十月份，学校都会组织一些大型活动，比如，朗诵比赛、演讲比赛、歌咏比赛、体操比赛、运动会，等等。这些活动，是凝聚班级的好机会，班主任要认真对待，借此推动良好班风的形成。

怎样组织大型活动呢？在活动开展之前，班主任要做好动员工作，以调动全体学生的积极性，让每个学生都参与进来，激发其主人翁的责任感。活动过程中，班主任要适当放权，给学生表现的机会，让他们在活动中展现自己的才华，满足其自我实现的需要，进而产生归属感。活动结束之后，班主任要做好总结，对表现突出的学生给予表扬，将之升华、凝聚为班级精神，激发正能量，形成“我爱我班”“班级有我更精彩”的良好班风。

比如，在运动会召开之前我会召开一个动员会，告诉学生：“这是班级成立以来第一次大型比赛，也是展现班级实力和风采的好机会。我们是一个优秀的班级还是一个落后的班级，是一个团结的班级还是一个涣散的班级，都由我们的行动来证明。希望大家踊跃报名，积极参与，证明你是最棒的，我们的班级是最棒的。”这个动员会成为运动会的启动仪式，为运动会拉开序幕。

为避免主观、武断，我把选拔运动员的权力交给了体委，学生自愿报名，体委统筹安排，这既锻炼了体委的工作能力，也调动了学生的积极性，比班主任“挑兵点将”效果好。运动会期间，我全程跟班，为学生呐喊助威，而各项具体事务则由班干部全权负责。适当放手，是对学生的信任和尊重，能激发他们的主观能动性。

运动会之后，我会立刻召开总结会，对运动会进行点评，鼓励大家把比赛中表现出来的拼搏精神用到以后的学习中，争取在以后的学习中取得优异成绩。总结会能起到收束、升华、迁移的作用，翻开班级建设的新篇章。

六、处理好个别事件

进入十月，班级中会出现很多个别问题，比如，迟到、撒谎、不完成作业、顶撞老师、同学之间闹矛盾，等等。对这些个别事件，班主任要保持冷静和克制，既不能掉以轻心，不闻不问；也不要无限上纲，动不动就与学生的品质、修养联系起来；更不要总是抱着“杀一儆百”的想法对待这些“冒头”的学生，而要本着对学生负责的态度，去了解学生的个性，了解问题生成的原因，争取做到个别问题个别处理，善待每一个学生，给学生和自己留下改变和提升的空间。

教师少闲月，十月人倍忙。以上所说的六件事，有些看起来并不十分紧迫，也不够具体，但这些都是关乎班级稳定的重要事情，一丝一毫也马虎不得，所以，我们要格外用心。

十一月，班主任要做好五件事

时间过得好快，转眼间已经进入十一月份了。这个月，班主任该做些什么事情呢？

一、期中考试

一般情况下，期中考试在十一月份举行。

对起始年级来说，这次考试非常重要，因为这是学生入学后的第一次考试，也是班级成立后的第一次亮相，优异的成绩能够使学生更加自信，推动班级发展；落后的成绩会使学生产生挫败感，不利于班级建设。所以，家长、学生、教师都很重视这次考试。

我个人认为，重视是必须的，但不能只停留在心理上、口头上，而要落实在行动中。怎么落实呢？开好三个班会。

提前开会造声势。要想取得优异的成绩，就要提前着手做好准备。班主任开一个期中考试的动员班会，讲明考试意义，设定个人目标，制订复习计划，督促学生提早着手复习。这个班会的目的在于造势，引起注意，点燃激情，让学生们有一种大战之前的紧迫感。

考前开会明考纪。真实能提高考试信度，公平能激发学生斗志。班主任要严把诚信关，在考试之前，召开一个考风考纪教育班会，明确考试纪律，讲明作弊危害，提醒学生们宁要真实的零分也不要虚假的高分。值得注意的是，在竞争异常激烈的校园，教师的格局要大一点儿，目光要远一点儿，要本着为孩子成长负责的态度去关注成绩。

考后开会辨得失。成绩公布以后，大多数学生的情绪会有所波动。成绩领先的学生沾沾自喜，成绩落后的学生情绪低落，这都不利于班级的稳定发展。班主任要在第一时间召开班会，引导学生适度关注分数，认真分析得失，找到成功的经验和失败的教训，确定下一阶段的学习目标，调整自己的学习方法。

考后总结班会怎么开呢？可以由班主任分析指导，也可以让成绩优异的同学分享经验，还可以让学生们自由讨论，寻找存在的问题和解决的方法。班会的形式并不重要，重要的是有实效。

二、召开家长会

一般学校在大型考试之后都要召开家长会，家校结合，促进学生发展。需要指出的一点是，中国人是很爱面子的，家长也是有自尊心的，班主任要考虑家长的承受力，要讲究方式、方法，千万不要把家长会变成告状会。

为什么要如此小心呢？因为这可能是新生入学后的第二个家长会，班主任和家长的接触并不多，对家长的了解还不全面，如果简单地公布成绩，罗列问题，提出要求，不一定收到理想的效果。所以，班主任应该客观、公正地评价学生的表现；一分为二地分析学生的成绩；以商量的口吻给家长提出要求和建议；还要告诉家长，即使孩子成绩不理想，也不要丧失信心，因为这仅仅是一个开始，一切都在变化中，只要家长、老师和学生一起努力，一切都有可能。

对家长在家庭教育中遇到的困难，我们应给予力所能及的帮助；对家长在家庭教育中的不当做法，我们要以恰当的方式加以指出。助人自助，家长是教师的同盟军，帮助家长就是帮助我们自己。当然，要想家长会开得切实有效，最好先通过学生了解一下其家庭状况以及父母的教养方式和存在的问题，以便有效地规避问题，有针对性地解决问题。

您可能要问：家长会就是解决问题的，为什么还要规避问题呢？因为孩子的问题往往是家长问题、家庭问题的折射与外化。而问题家庭的类型无外乎离异、再婚，弃养、领养，矛盾纷争，家长无为、无力、无责、无德等类型。班主任如果不了解学生的家庭情况，即使泛泛而谈，也可能说者无心，听者有意，在不经意间触碰到家长或学生的痛处，为家校沟通、师生沟通埋下隐患。所以，在没有了解家长情况的时候，班主任尽量避免谈过于尖锐或者敏感的话题，做到共性问题谨慎说，个别问题单独说，没弄清楚的问题暂且不说。

还有一点值得注意，因为这是期中考试之后的家长会，很多班主任手里攥着成绩，就把成绩作为评价学生的唯一标准，用成绩证明一切，用一切说明成绩，成绩好一切都好，成绩不好一切都糟。这种“唯成绩论”的做法是不可取的。

三、选拔班干部

细心的读者一定会注意到，我在九月和十月的工作中，没有提到选拔班干部的问题。因为我个人认为，班级成立之初，师生、同学之间相互并不了解，无论是班主任指定班干部，还是学生投票选举班干部，或多或少都有些盲目，未必能够选出最适合的人选，所以，要给学生们一段“相互了解”“证明自我”的时间。一般情况下，我会在期中考试之后再选拔班干部。

怎样选拔班干部呢？无记名投票。如何保证有能力、有责任感的人当选呢？班主任要给学生们讲清班干部的职责，让学生对班干部有一个清晰、正确的认识：“班干部是班级的领头雁，对班级的发展起着至关重要的作用；班干部是为大家服务的，工作琐碎，耗时费力，只有付出没有回报，耽误学习，在所难免。希望大家以认真负责的态度投票，把选票投给有能力的人，也希望大家有一颗平常心，正确对待选举结果，当选了的，就努力工作，不负众望；落选了的，就安心学习，努力配合，支持班干部的工作。”

对当选的班干部，班主任要扶上马再送一程，给予全力的支持和必要的指导，要召开班干部会，对班干部进行分工，指导他们顺利开展工作。每次选举之后，我都要和班干部约法三章：“第一，你是‘民选’的班干部，是为大家服务的，你没有特权，也不能搞特殊，只能严格要求自己，比其他同学做得更好；第二，你是班干部，不是普通同学，你应该是同学的榜样，要求同学做到的你必须做到；第三，你必须秉公办事，不能拉帮结派，也不能把你的偏见带给老师，不要让班级因你而分裂，要让班级因你而团结。”

班主任和班干部是什么关系呢？民主平等，相互尊重，各司其职，各负其责。有的班主任，扎实肯干，事无巨细都亲力亲为，结果班干部靠边站成为傀儡；有的班主任，大撒把、图省事，把事情都推给班干部，对班级情况不闻不问，结果把自己变成置身事外的“孤家寡人”。我认为，这两种方式都不好，亲力亲为、一竿子插到底是胡搅，大撒把、图省事就是胡闹。班主任和班干部的关系应该是主帅和大将的关系，班主任是稳坐中军帐的元帅，班干部就是统领千军、冲锋陷阵的大将，当每一员大将都能独当一面、所向披靡的时候，班级建设就真正上了轨道。

四、关注个别学生

开学两个多月了，多数学生能够遵规守纪，服从管理，班级基本步入正轨。但是也有个别学生，随着对环境的了解，开学初的陌生感逐渐消失，坏习惯开始抬头。这虽是个别现象，但稍不注意，这些学生就可能生出事端，影响班级的稳定发展。

怎么办呢？班主任要坚持做到“五勤”——腿勤多进班、眼勤多观察、嘴勤多提醒、手勤多示范、脑勤多思考，做到早发现早处理，防患未然。一旦出现问题，班主任也不要暴跳如雷，拍案而起，而要本着对学生负责的态度，根据学生的性格特点、问题的性质和轻重程度，寻求解决的方法。

我想提醒大家的是，学生是成长中的人，心智尚不健全，犯错在所难免，批评教育的目的是引领学生认识问题、改正缺点、健全心智，实现心灵的成长，而不是用纪律的高压线来威慑、压服学生。对这些特殊的学生，班主任不要动不动就挥舞做检查、写保证书、叫家长、反省、开除等杀威棒，而要有一颗仁爱之心、包容之心，多想想办法，去唤醒孩子心灵深处的那份尘封的自尊。

其实，学生能犯什么错误呢？无非是迟到、撒谎、玩游戏、不写作业、不做值日、拌嘴吵架之类的事情，如果我们能够暂时抛开班主任这个身份，抛开班级管理这个背景，站在一个局外人、过来人的角度来看，这些错误真的不可原谅吗？如果我们换位思考，站在家长的角度来看，你愿意接受孩子回家反省的处理方法吗？

近两年“在路上”这句话很流行，我想说，既然我们都在路上，那就善待这些刚上路的孩子吧！

五、和学生谈话

和学生谈话是班主任重要而又有效的工作方式。开学两个多月了，班级的事务基本理顺，班主任已经摆脱了千头万绪、杂乱无章的工作状态，现在是时候腾出时间，和学生谈谈心了。

和谁谈呢？越多越好，最好跟每个学生都谈一谈。

什么时间谈呢？随时可以，偶遇、预约都可以。

怎么谈呢？心平气和、平等、亲切。

谈什么内容呢？生活学习、兴趣爱好、理想追求，什么都可以。

谈话有什么作用呢？增进了解，加强沟通，使师生关系更加和谐。

很多人认为，班主任又要管班，又要教学，根本没有时间和学生谈话，更不要说和每个学生谈一次话了。真是这样的吗？彭端淑说：“天下事有难易乎？为之，则难者亦易矣；不为，则易者亦难矣。”与学生谈话也是如此，只要我们走下讲台，走近学生，和每个学生谈一次话，不是一件非常困难的事情。

十一月，是相对安静的一个月，没有节日庆典，也没有大型活动，这是抓学习、促稳定的黄金月，希望班主任静下心来，深入学生之中，把每一项工作做细致，做深入，做扎实。

十二月，班主任要做好一件事

如果说十一月因为没有节日和大型活动是相对平静的一个月，那么，十二月就是重归喧嚣的一个月，因为这个月包含着圣诞，还连接着元旦，开启了新的一年，也预示着期末的到来。所以，十二月是非常重要的一个月，是需要班主任特别用心的一个月。工作千头万绪，在此我只想谈一件事——如何引导学生过节。

一、节日——开阔视野

孩子们喜欢过节，而且很喜欢过洋节，这与商家为追求假日经济而大肆炒作有关，与经济发展、资讯发达、国际交流日益密切有关，与年轻人喜欢新奇也不无关系。

圣诞节是一个很受年轻人追捧的节日。每年圣诞节来临，学校周边的小卖部、小摊贩都准备了包装精美的苹果，学生们争相购买，送给同学、老师和家长，场面温馨、感人。

近几年，对年轻人喜欢过洋节这一现象，媒体有过很多报道。有人认为，我们的传统节日越来越不受重视，是因为年轻人喜欢过洋节日，甚至有报道称某校不允许学生过洋节日。我个人认为，传统节日和洋节日不是非此即彼的对立关系，传统节日受到冷落不能归罪于洋节日，而应该从传统节日本身去找原因。对该不该过洋节，要认真分析，科学引领。

其实，节日无所谓好与坏，关键是你为何过、怎么过、过得怎么样。有一次，圣诞节将至，一个学生桌上摆着一个苹果。我问学生为什么要过圣诞节？学生回答是因为大家都过。怎么过？送苹果。为什么送苹果？苹果代表着平安。为什么苹果代表平安，苹果的“苹”和平安的“平”同音。我有些不解，圣诞节是一个舶来的节日啊，在中文里这两个字同音，在英语中它们发音不同啊！看起来学生对圣诞节所知不多，过圣诞节也就是凑热闹、随大溜而已。

随着全球一体化进程的加快，国际交流已经深入社会的各个层面，中学生走出国门的机会也越来越多，学生们出国交流、留学深造的机会也很多。我们学校作为河北国际学校，不仅有外教上课，每年还有几十名外国留学生来我校学习，因此适度了解一些西方文化、礼仪常识也是很有必要的。

节日是礼仪文化表现得最为集中的日子，如果利用节日，学习有关节日的知识礼仪，一举两得，何乐而不为呢？现在有所谓的“节日经济”“节日文化”，为何不可以有“节日教育”呢？于是，我布置了一个任务，让学生们课下查找有关圣诞节的知识，在班会课上共同分享，学生们积极发言，讲圣诞节的来历，介绍西方人过圣诞节的形式，谈自己收到礼物时的心情，等等。通过这次班会，学生们开阔了视野，对外国文化有了更多的了解，对同学友谊也有了更深的体会，与留学生、外教的交往也更加顺畅、自然。

二、节日——展现才华

每个人都渴望成功，都渴望表现自己，这一点在中小学生中体现得尤为明显。好表现并非坏事，如果加以恰当的引导，就可以把学生的表现欲变为学习的动力；反之则可能成为学习的阻力。教师要充分了解每个学生的特点，给他们提供表现的机会，为他们搭建展现才华的舞台，而节日就是学生展示才华的好机会。

有一年，我的班里有一个女生，学习成绩一般，但心灵手巧，用一根丝带能编出各种装饰物，总在课间折来折去，吸引了很多女生，影响了学习。如果严厉批评她，勒令她不许带丝带到学校来玩，可以做到；如果和家长取得联系，要求她在家里也不玩，也可以做到；但是，不玩不等于学习，而我的目的不是阻止她玩，而是要引导她学。如何做到既尊重她的个性特长，又让她把精力用到学习上来呢？经过反复思考，我决定采取正面引导的方法彻底解决这个问题。恰好元旦将至，我让她利用课余时间组织女生给每位老师编一个小花篮作为新年礼物。她非常高兴，仅仅两天时间，就把礼物做好了。老师给予最真诚的感谢，同学们投来赞许的目光。事后，我对她说："你很聪明，能把一根平直的丝带编成美丽的花篮，为何不把聪明才智用到学习上，为自己编织一个美好的未来呢？"听了我的话，她陷入了沉思，从此有了很大的改变，成绩不断上升。

多一把尺子就多一个优秀学生，这个道理我们都懂。但在平静、枯燥的学习生活中，很多"尺子"是派不上用场的，只有在一些特殊的日子里、特别的活动中，那些有特殊才能的学生才能一展身手。秋季运动会，擅长体育的学生一展风采；国庆节演讲比赛，擅长演讲的学生初露锋芒；校园歌曲大赛，"小百灵"脱颖而出；艺术墙创作，小画家可以大显身手；元旦联欢会，"小天鹅"可以尽展优美舞姿。当他们尽情绽放的时候，当掌声为他们响起的时候，他们内心涌动的不仅有快乐，还有自信。

老师们要重视这些节日，是它们让枯燥的日子缤纷、绮丽，让平静的校园激情四射，让平凡的学生不再平凡。

三、节日——凝心聚力

每到元旦，我们学校都要以班级为单位举行元旦联欢会，这是放松心情、增进团结、建立友谊、改善师生关系的契机，学生们很喜欢。

如何开好元旦联欢会呢？我思考了很多，也尝试了很多。

我一直认为，作为班主任，在这个辞旧迎新的日子里，我应该和学生在一起。这是我的职责，也是我的心愿。所以，有很多年，我是"与生同乐"，全程参加学生的元旦联欢会的。

有一年元旦，班里开联欢会，我从头至尾一直在场，联欢会的气氛很热烈，学生们玩得很高兴。但后来我看到一个学生在周记中写道："我本来想和同学合唱《我不是个坏小孩》，看到田老师瞥了他们一眼，所以我没有唱。"看了学生的周记，我终于明白这个活跃分子为什么在元旦联欢会上自始至终一言不发了，但我没有"瞥了他们一眼"啊，因为我也很喜欢这首歌，而且作为一个成年人，我也不会把唱《我不是个坏小孩》的学生当成坏小孩。学生的心思多么细腻啊！或许我的存在无形中给了他某种压力。

这件事引起了我的思考。元旦联欢会是为了让学生释放压力、享受快乐的，班主任全程跟班，指手画脚，学生放不开，玩不爽，那目的就没有达到。怎么办呢？我试着离开。

从那以后，每次元旦联欢会召开之前，我要召集班干部开一个碰头会，做出大致的安排，并提出纪律要求：不允许动火做饭，不允许放鞭炮，不允许表演不健康的节目，要在学校规定的时间内结束。其他事情由班干部自行组织，我只做一个快乐的观众。有时，我连观众也不做，乐得逍遥。有一年元旦联欢会，我把给学生准备的礼物发完后，简单说了几句就离开教室，回到了办公室。那天，学生们尽情地表演，非常快乐。为了增进友谊，他们还派出代表到其他班级演出。当学校领导来向他们祝贺新年的时候，他们表现得彬彬有礼，非常得体。会后，我表扬他们做得好。他们说："我们是班级的主人，是班级的代言人，我们的一举一动都代表着班级的形象。老师信任我们，理解我们，给我们留下了自由活动的空间，我们就要努力表现，把最好的形象展现出来，决不辜负老师的信任。"

国画讲究留白，班主任管理班级也要"留白"——给学生留下释放压力、发挥才能的空间。班主任后退一步，反而激发了学生的主人翁意识，起到了凝心聚力、稳定班级的作用，我很开心。

学生喜欢开元旦联欢会，但是年年开就没有意思了。怎么办呢？换方式，换内容。高一开元旦联欢会，学生们唱歌、跳舞，尽情展示，增进了解，效果很好。高二的元旦联欢会，我组织学生进行百科知识竞赛，不仅有课堂上学到的知识，还有安全、法律等方面的知识，把有关的知识提前印发给大家，以组为单位进行比赛，优胜组有奖。学生们热情高涨，积极参与。在娱乐中学习，在学习中娱乐，随着新年钟声的敲响，他们不仅收获了快乐，还收获了知识，获得了成长。而高三呢？我们可以组织学生们看一场电影，打一场篮球，做一场游戏，也可以组织学生们静静地想一想："明年的元旦我在哪里？"

四、节日——促进成长

我们的节日很多，节日文化也很丰富。但是，很多人忽视了节日的文化内涵，只把节日当成请客送礼、吃喝休闲的日子，于是节越过越累，越过越俗，人们不仅不盼望过节，还怕过节，甚至还产生了“节日病”。

其实，节日也可以过得很高雅，很深刻，很有意义。尤其对于成长中的学生，如果我们开动脑筋，深入挖掘，就能把节日变成教育的切入点，使教育更加有效。且不说教师节、父亲节、母亲节这些对象鲜明的节日，也不说端午节、中秋节、春节这些文化内涵丰富的传统节日，也不说五四青年节、八一建军节、十一国庆节，这些具有重要纪念意义的节日，单是一个元旦，就能收获很多很多。

每年元旦之前，我都会给学生们布置一个作业，让他们写一篇题目为“回顾与展望”的文章，回顾过去的一年，有哪些收获和遗憾；展望新的一年，有哪些目标，如何去实现。然后召开一个名为“回顾与展望”的主题班会，让学生们分享成绩，畅谈理想。不要小看这个班会，它的作用很大，因为它能够触及学生们的心灵。盘点过去的一年，有的人收获满满，桩桩件件可圈可点；有的人却一无所获，日复一日虚度一年。不怕不识货，就怕货比货，当大家把自己一年的收获“晒”出来的时候，无须多言，每个学生心里都会掀起滔天巨澜。所以，这个班会往往是在欢声笑语中开始的，却是在凝重的思考、深深的叹息中进行的，而最后结束在铿锵的誓言中。

当然，要想最大限度地发挥节日的教育作用，班主任的点拨引导是不可缺少的。每年元旦的主题班会，我都要做一个总结发言，姑且算作新年致辞吧，总结成绩，提出要求。我告诉学生们：“一味沉湎于过去的人，现在和将来都不属于他。让我们振作精神一起上路，脚踏实地地过好每一天，让新的一年没有遗憾只有精彩……”

写到这里，我想到了毕淑敏的一句话，“人生本没有意义，每个人必须为自己的人生确定意义”。套用一下，其实，节日本没有意义，需要我们为它确定意义，确定一个积极的意义，使原本苍白的日子变得绮丽而浪漫，使原本平凡的日子变得深刻而富有意义。

亲爱的老师们，赶快行动起来，赋予每一个节日特定的意义吧，让它们成为教育的契机，引领我们走进学生的心灵世界，引领学生走向无比美好的明天！

一月，班主任要做好六件事

一月是新年伊始，也是学期之末，元旦的快乐与期末的紧张纠缠在一起，使其变得重要而又特殊。在这特殊又重要的一月，班主任应该做好哪些事情呢？

一、关注学生情绪，保持班级稳定

元旦是新一年的开始，也是学生在校园内度过的比较有趣的节日。如果是高一、初一年级，如果召开了元旦联欢会，这个节日就会更加令人难忘，它将成为学生们一展风采、增进了解的契机。学生们对在联欢会上表现突出的同学会难以忘怀、津津乐道，甚至不断发酵，演绎出很多“续集”。

怎么办呢？我的做法是召开主题班会，对元旦联欢会进行总结，对表现突出的学生进行表扬，以起到凝心聚力的作用；对可能产生负面影响的做法，给予批评引导，做到防患未然。当然，本次班会还要提出下一个阶段的任务，告诉学生们元旦过后，期末考试就要到来，请把工作重心转移到学习上来，抓紧时间做好期末复习，用优异的成绩，为即将过去的一年画一个圆满的句号，为新的一年开一个好头。

平静的生活过得太久，人就会变得平庸，对成长中的孩子来说更是如此，活动必不可少，但是搞活动要放得开，更要收得拢，做到开合自如方能有效。打个比方，班级活动就好比一个口袋，搞活动就好比打开口袋往里面装东西，口张不开东西就装不进去；活动结束就好比口袋已经装满，需要把口扎起来，扎不紧就会撒出来，而召开这个总结班会的目的就是把口袋扎紧、使班级归于稳定。

另外，因为各类学校放假时间不同，又临近年底，外出打工、求学的人员纷纷返乡，学生聚会增多，也容易出现抽烟、喝酒、打架斗殴的现象。班主任不要麻痹大意，而要严格管理，做到管好自己的人，看好自己的门，善始善终，平平安安度期末。

二、做好期末复习，争取颗粒归仓

春种一粒粟，秋收万颗子。教育就是一个耕耘的过程。

您见过在麦田中守望的农民吗？丰收在望，他们脸上的表情不只是欣喜，更多的是紧张，因为他们知道，此时此刻，一场大风就会刮走他们全部的辛苦，一场大雨就会带走他们一年的收成。所以，他们精心守望着自己的麦田，要在第一时间把“丰收”抢回家。

对教师和学生来说，一个学期的耕耘能否获得丰收，期末复习至关重要，复习到位，收获满满；复习不到位，前功尽弃。所以，班主任要在本次班会上，提醒学生们期末来临，让他们确定近期目标，制订复习计划，完成工作重心的转移，开启期末复习的新阶段，实现知识向能力的转化、提升，做到温故知新、颗粒归仓。

三、写好学生评语，实现良性沟通

给学生写评语是一项繁重的任务，也是一项重要的工作。

学生评语谁来写呢？当然是班主任。但是，临近期末，班主任工作繁多，千头万绪应接不暇。于是，有些班主任把评语交给班干部来写，或者干脆交给学生本人填写，也有些班主任干脆打印几个范本，根据学生类型进行分类粘贴。对以上做法，我能理解但不赞同。因为评语是对学生本学期表现的综合评价，学生和家长都很重视，班主任不能敷衍应付，而要认真对待，亲自写，亲手写，这既是对学生的尊重，也是对工作负责。

我们强调班主任亲自动手写评语，并不是拒绝其他人的参与。有一个班主任做过这样的尝试，效果很不错。他的学生评语由学生自评、小组互评、任课教师点评、班主任评语和家长反馈五个部分组成，评语很长，但是评价全面、客观、公允，能够真实反映学生的情况，学生和家长都很喜欢。

评语怎么写、写什么呢？很多年前，我们给学生写的评语都是千篇一律的，“该生热爱集体，团结同学，学习刻苦，尊敬师长……”严肃刻板的大话套话，冠冕堂皇、大而不当，看似人人适用，其实根本没用。

近年来，学生评语也与时俱进，风格大变：不再称“该生”，而是直呼其名；不再用第三人称，而用第二人称；不再用陈述的句式，而是用呼告、对话的方式。例如：“小丽，你是一个聪明、乖巧、善解人意、温柔、善良的女孩，你是老师的好助手，是同学们的好朋友……”这亲切、煽情的评语如何呢？我的感觉是乍读暖意融融，细想空洞无物，没有实质内容，隔靴搔痒，无关痛痒，毫无用处。因为从这个评语中，家长无从了解孩子的情况，学生也找不到努力的方向，只能模糊地认为“我似乎还不错”。

当然，作为一线教师，我也知道老师为什么会避实就虚打擦边球，因为学生很敏感，家长爱面子，人们喜欢被夸奖，不喜欢受批评。尤其这白纸黑字的评语，更容易引起家长和学生的反感，在今天这个舆情发达的时代，为避免授人以柄招惹麻烦，很多教师选择说那些温暖无用的虚言套话来换取一个皆大欢喜的结局。

那学生评语到底怎么写呢？我觉得应该实事求是、一分为二、客观地对学生做出评价，既要肯定其优点，也要指出其不足，做到情词恳切，态度真诚。这样的评语，家长和学生是能够接受的。

四、做好评优工作，树立良好班风

期末评优工作是一项重要工作，做得好，能够弘扬正气，激发正能量，促进班级建设；做得不好，可能涣散斗志，影响班级发展。

怎样评优呢？我认为公平、公正就是最好的方法。所以，在一般情况下，我会专门组织一次评优班会，公布各种奖项及其名额以及评选标准，诠释各类先进的含义，然后让学生们不记名投票，当场唱票，当场宣布评选结果。公开、透明的评选让落选者心服口服，让当选者多一份坦荡与自豪。

需要说明的一点是，在评优问题上，班主任要摒弃一切私心杂念，严格按照评优标准进行，不要因为个人好恶去干扰学生投票或改变投票结果，否则就会降低评优的可信度，引发同学矛盾或造成师生隔阂，甚至会影响班级发展。

还有一点和大家商榷。“多一把尺子量学生”的教育理念早已深入人心，我个人也非常赞成。但在现实生活中，很多教师为了鼓励学生，在班级中设立很多奖项，名目繁多，种类齐全，甚至因人设奖，因事设奖，结果是人人有奖，个个优秀。我认为这种“人人有奖”的做法或许适合幼儿园的孩子和小学生，但不一定适合中学生。物以稀为贵，当获奖变得像呼吸一样自然而然、像空气一样无处不在之时，奖状也随之贬值了，得奖的喜悦感也打折了。

五、留好假期作业，让假期更有意义

有人说，人与人的差距不是在工作时间拉开的，而是在业余时间拉开的，学生也是如此。在校学习，大家统一号令齐步走，拉不开太大的距离，假期才是拉开距离的关键时期。如何让假期更有意义呢？要留好假期作业。

除学科作业之外，班主任也要给学生留作业。留什么作业呢？很多班主任让学生制订学习计划，按时作息，认真完成作业；主动帮助家长做家务；参加社区服务；等等。这些作业都不错，但是过于笼统，不易落实，也不便检查。也有的班主任留的作业很具体，比如，帮家长做一次饭，洗一次脚，参加一次社区义务劳动，等等。这些作业的确很具体，也好操作，但是有些学生为了完成作业而做，应付差事走过场，效果不理想。那么，班主任该留什么作业呢？

回忆我自己的教育经历，我给学生留过的作业很多，有几个作业效果不错，令我至今难忘。

1.写家谱：谢家宝树，没有黄叶

有一年春节，我布置了一个寒假作业，让每个学生写一份家谱。上起高祖，下迄本人及同辈，目的是让学生了解自己的家史，思考一下在家族发展的链条中，自己应该担当什么角色：是谢家宝树上飘落的黄叶，还是宝树结出的硕果？是家族崛起的创业者，还是家族发展的终结者？

学生们积极性很高，走亲访友，搜集资料。有的学生发现，自己的祖辈原来那么伟大。有一个学生对学习一直没有兴趣，认为自己天生不是学习的料。通过写家谱他才知道自己的曾外祖父是县里的第一位教师、第一任校长，县志里记载着曾外祖父的事迹，保留着曾外祖父的诗文，曾外祖父的学生遍天下。他的几个舅舅在“文化大革命”期间仍然坚持读书，现在都学有所成。他开始意识到自己的责任：他是这个家族链条中的一环，“世代书香”不能从他这里散尽，于是他开始努力了。也有的学生发现自己的祖辈那么不容易，乞讨流浪，奔波劳碌，才有今天的幸福生活，自己不懂得珍惜，还在抱怨，多么不应该！还有的学生认识到自己的家族是那么光荣，有一个学生交上来的是一本沉甸甸的家谱，那里面镶嵌着他祖父的军功章：解放西北纪念章、解放东北纪念章、华北解放纪念章、抗美援朝纪念章、人民功臣纪念章等。在家谱的最后，他写道：“我有一个伟大的爷爷，我一定要努力学习，让爷爷有一个了不起的孙子。”

在交家谱的同时，有一个学生还交上来一封信，信中写道：“我觉得这个作业很有意义。以前，我从来没有想过我应该为家庭做些什么；现在，我感到自己责任重大，我要振兴我的家族。不仅我有这种感觉，连我的父母也有这种感觉，他们在帮我搜集资料的时候，也感到肩上的担子沉甸甸的。”

这既是一份寒假作业，也是一次关于人生责任的反思。有些原来飘忽、张扬的学生沉静下来，有些原来消极、散漫的学生紧张起来，因为他们不愿意做谢家宝树上飘落的“黄叶”。

2.学会骑车：付出努力，收获成功

和学科作业不同，班主任留的作业，应该关乎孩子成长，而关乎成长问题的解决，不仅需要时间，还需要家庭、社会等各个方面的配合。假期中，学生比较清闲，自己掌控的时间相对较多，一些平时难以实现的想法，一些单靠学校难以解决的问题，在假期中或许能够得以解决。

班里有一个家庭条件很好又很爱面子的男生，平时坐公交车上学，遇到

大的考试、天气异常等情况就由家长接送，但是他经常因为赶车、堵车迟到。我建议他骑自行车上学，他为难地说："老师，我不会骑自行车。上学前怕挨摔，家长不让学；上学后怕耽误学习，没时间学；现在长大了，怕丢人，不好意思学了。不过，我也觉得也没必要学了，将来直接考驾照学开车算了。"

寒假来到了，我给他留的寒假作业是："利用寒假，学会骑自行车。姑且不论骑自行车是否有用，作为一项基本技能你应该会。现在你身强体壮，手脚灵活，很容易学，如果怕摔跤、怕丢人那就永远也学不会。你需要的不是学会骑自行车，而是突破自己。"

对一个十五六岁的男孩子来说，学骑车是一件很容易的事。开学第一天，他早早地来到学校，骄傲地告诉我："老师，作业完成了，我是骑自行车来的！"从他的话语中，我听出了自豪，也听出了自信；从他的表情中，我看到了快乐，也看到了坚毅；从他的进步中，我明白了假期作业也可以量身定做。

3.帮父母看摊：换位思考，理解家长

有一个住宿的女生，家在农村，父母平时务农，农闲时在集市上摆摊卖服装。这个女生与同学、老师相处得不错，但一回家就和家长吵架，觉得爸爸脾气坏，妈妈太计较、庸俗、市侩、俗不可耐。家长为此苦恼，请我帮忙开导孩子。

放寒假了，我给这个女生留了一个特殊的寒假作业——和家长一起赶集卖服装，体会父母的辛苦，给父母的"小气""俗气"找一个合理的理由。

寒假第一天，她和家长早早地来到集市，摆开摊子做生意。集市里人头攒动，人们拉拉拽拽，问来问去，挑挑拣拣，讨价还价。在嘈杂的集市上，小声说话根本听不见，不得不拉大嗓门喊；顾客很难缠，一块钱甚至几毛钱都要争个不休。一天下来，她终于明白了，妈妈的"大嗓门"、爸爸的"坏脾气"是怎么来的。回到家，一家人坐在床上，连吃饭的力气都没有了。到这时她才明白，以前周末回家前总给妈妈打电话"我要吃饺子"，"我要吃包

子”，“给我炖排骨”，这些话是多么幼稚、不懂事啊！

短短一天的经历，使她理解了父母的辛苦，放下了攀比的心理，开始直面生活，努力学习。

寒假作业到底该怎么留，这是一个值得思考的问题。希望老师们认真思考，根据学生的具体情况有针对性地留作业，让人人都有收获，假期更加精彩！

六、开好家长会，让安全意识落地生根

为了让学生过一个快乐、充实而又安全的假期，放假之前，班主任最好召开一个家长会，对本学期班级情况做出总结评价，对期末考试成绩进行认真分析，指出问题，提出希望；告诉家长放假、开学的具体时间。针对小学低年级的学生，班主任要把假期作业的内容告诉家长，请家长督促孩子按时完成作业。

放假回家，孩子的安全责任全部转移到家长身上。所以，班主任在对学生进行安全教育的同时，在此次家长会上，还要对家长讲安全。

古人云，靡不有初，鲜克有终。一月是一年之初，我们要多加努力，让新的一年有一个良好的开端；一月又是学期之终，我们要振奋精神，全力以赴，做到有始有终，善始善终，为本学期画一个圆满的句号。

寒假，班主任要做好四件事

时光荏苒，白驹过隙，眨眼间一个学期就要结束，寒假就要来到了。那么，寒假，教师该做哪些事情呢？

一、开好放假前的班会

学生期待假期，教师也期待假期，班主任更期待假期。因为学生放假了，班主任悬着的心就可以放下了，可以安心地关掉手机睡觉，开心地和家人外出旅游了；不用再担心学生逃课上网、运动受伤，也不用再担心学生心情不好生出事端，更不用担心住宿生半夜生病出问题了。因为在假期之中，即使出了问题，也应该由家长负责，与学校、教师没有关系了。

真是这样吗？当然不是。学生放假回家了，但他们还是我们的学生，他们的事情仍然与我们密切相关，他们的一举一动仍然牵动着我们的心。如果不信，大家可以想一想：每到寒假、暑假，都有中小学生伤亡事故的新闻见诸报端，而报道的结尾似乎总有一个追问：学校的安全教育是否到位。

有钱没钱回家过年，春节是中国人最重视的节日。回家团圆、走亲访友、聚会庆祝，活动多危险也多。学生放假了，大部分家长还没有放假，孩子独自在家的时间多了，自己外出的机会也多了，活动内容也多了，遇到危险的几率也就高了。

鉴于以上两点原因，我建议在放假之前，班主任必须要召开一个关于假期安全的主题班会，讲讲用火、用电、交通、交友、聚会、旅游、运动、饮食等方面的安全知识，让学生树立安全意识，过一个平安假期。

有的老师可能会说，这些问题以前讲过了，现在还用讲吗？我的回答是“必须讲”，因为安全问题怎么讲都不过分。

二、开好放假前的家长会

放假了，学生回家了，教育管理的责任全部落到家长身上。但是，有的家长不是教育的内行，不知道该怎么管孩子；有的家长忙于工作，没时间管孩子；也有的家长认为，放假了就该让孩子彻底放松，不用管孩子。以上种种认识都有失偏颇。为此，我们有必要在放假前开一个家长会，把以下几个内容告诉家长。

告诉家长寒假作业的内容。为什么要告诉家长寒假作业的内容呢？因为有些学生根本记不住假期作业的内容，需要家长提醒；有些学生自觉性差，贪玩不写作业，需要家长监督。

当然，还有些作业需要家长支持、配合才能完成，比如，让孩子做家务、参加社区服务、做社会调查，等等。很多家长对此类作业的意义认识不足，以为是走形式、装样子，不仅不支持，还横加阻拦。“做什么家务？碍手碍脚的，别添乱。赶紧去学习，吃饭我叫你。”“在家里什么都不干，还要到社区服务，这不是装样子吗？先把你自己的房间整理好。”“做什么社会调查，先调查一下自己的成绩，看哪儿不会。”

有一年国庆节，我给一个花钱大手大脚、爱攀比的学生布置了一个家庭作业，让他了解一下父母的工作情况和家庭的收入支出情况，想借此唤醒学生的感恩意识，激发学习热情。学生对这个作业很感兴趣，可是家长根本不配合，不仅不回答孩子的问题，还训斥他：“我们做什么工作你不用管，挣多少钱你也不要管，你只管好自己的学习就行了。只要你学习好，我们再苦再累也心甘情愿。”学生没有完成作业，我的教育计划自然也落空了。

为保证学生顺利完成这类关乎心灵成长、习惯养成、品德修养的作业，班主任要把布置此项作业的目的告诉家长，让家长知其然亦知其所以然。

告诉家长一些安全常识。家长是孩子的监护人，但很多家长安全意识淡薄，安全知识也比较欠缺。此次家长会，班主任要给家长提出具体要求，告诉家长如何让孩子远离危险：不要让孩子进入游戏厅、网吧、歌厅、舞厅等不适合未成年人进入的场所；不要让孩子单独外出旅游、单独在外留宿；不要让孩子乘坐无牌、无证或超载的车船；不要让孩子搭陌生人的顺风车；不要让孩子到河、湖等处滑冰或野游，以防发生溺水事故。家长要提醒孩子不要私见网友，不要带陌生人回家，不要到陌生人的家里去，不要参加陌生人的聚会，不要随便接受陌生人的礼物。家长要告诉孩子居家外出都要做到防火、防盗、防爆、防食物中毒，等等。

女孩子的家长更要提醒女孩子，不要单独到空旷无人的地方游玩，夜晚不要单独去偏僻无人处的公共厕所，路遇需要帮助的人，可以打电话联系其家属，也可以打电话报警，寻求警察的帮助，但不要单独送其回家。

每次放假，学校都要统一印发《寒假致学生家长的一封信》，对假期作业和安全要求都做了详细说明。此次家长会，班主任要把这封信发到家长手中，请家长阅读，以起到广而告之的作用。

三、保持家校联系

学生放假回家了，但师生关系没有改变，师生联系当然也不能中断。班主任可以通过班级微信群和 QQ 群与家长、学生保持联系，了解学生的情况，检查学生的作业，解答学生的问题，让学生过一个快乐而充实的假期，为新学期打下坚实的基础。

春节是中华民族最为重要的节日，也是人与人沟通交流、拉近感情的绝好机会。一个问候的电话、一条祝福的短信、一个感恩的表情就会带给人温暖和快乐，甚至能够冰释前嫌。平日里，师生天天见面，免不了会产生一些分歧、误解、不愉快；放假了，师生见面少了，批评、指责也少了，学生能够冷静、全面地思考问题，理解老师的良苦用心。当学生的问候随着新年的钟声到来的时候，教师的幸福感会油然而生，师生关系将进入一个全新的阶段。当然，如果我们本着礼尚往来的原则，送给学生几句祝福，那就更好了。

四、做好开学准备

要想新学期有新开始，就要做好开学前的准备工作。班主任除了准备新学期的教学内容之外，还要准备好开学的第一个班会。

为什么要准备好开学的第一个班会呢？原因有以下三点。

第一，经过一个自由的假期，学生们的生活变得随意而懒散，心思一下子收不回来，开好第一个班会，就是要给假期画一个清晰的句号，让学生们意识到寒假已经结束，新学期已经开始，要尽快进入学习状态。

第二，寒假中，学生们回家过年，参加亲朋聚会，见到很多新鲜的人和事，他们的想法会有很大改变。利用班会课，让学生谈谈假期的见闻感受，掌握学生的思想动态，统一思想，顺利开学。

第三，春节期间，学生会收到红包，也会得到很多礼物，有的学生可能把这些带到学校来，所以一开学最容易出现炫富攀比、铺张浪费、钱物丢失等现象，甚至会因此出现矛盾纠纷。班会上，班主任要讲一讲“红包”的意义，告诉学生们如何管理自己的钱物。

认真准备，上好开学第一课，给新学期来一个开门红，这是班主任必须要做好的一件事。

寒假是短暂的、忙碌的、快乐的，也是疲倦的。班主任除了做好以上四件事之外，还要拿出点儿时间陪陪父母，管管孩子，会会朋友，打理一下生活，放松一下心情，以全新的姿态和饱满的热情迎接新一年的到来。

三月，班主任要做好五件事

寒假结束了，新学期到来了。三月，班主任该做些什么呢?

一、制订工作计划，先谋后动求发展

新学期的第一项工作当然是制订工作计划，这是每个学期、每名教师都要做的一件事情。而要想制订一份切实可行的工作计划，就要认真思考、统筹兼顾，做到“五个结合”。

（1）以生为本，结合学生实际订计划。班主任要想取得教育的成功，就要做到“目中有人关注人，心中有人研究人”，认真研究学生，了解学生的年龄、心理、爱好、特长、学习基础等情况，根据学生实际，制订工作计划，先谋后动。

（2）与时俱进，结合学段特点订计划。本学期是升学季，毕业的欣喜、升学的压力、分别的痛苦，不仅会搅乱毕业生的心绪，使他们焦虑、躁动；也会影响非毕业生的心情，使他们浮躁不安。如何有效化解升学、毕业带来的不良情绪，避免出现大面积的情绪流感呢？最为有效的方法就是提前规划、未雨绸缪。

（3）因地制宜，结合班级情况订计划。即使起点相同的班级，经过一段时间的发展，也会各具特色产生差异。所以，班主任要根据班级情况，结合上一个学期的工作内容，制订适合本学期班级发展的工作计划，使工作具有连续性、系统性、稳定性和针对性。

（4）放眼全局，结合校情订计划。学校是一个整体，班级是学校的组成部分，任何班级都不能脱离学校而独立存在。如果说学校是一架机器，班级就是机器上的一个零件，任何一个零件出问题，都会影响整个机器的正常运转。所以，班主任要有全局观念，要根据学校的整体工作计划制订自己班级的工作计划。具体做法可以创新，但大方向不能变，方针、步调要和学校保持一致。

（5）拓宽思路，结合时节订计划。如果说人生是一个坐标系，那么时间就是一个坐标轴，我们所有的行动都不能离开时间而独立存在，教育也是如此。本学期从二月底开学到七月初放假，从寒冬走到盛夏，短短四个月的时间，包含了妇女节、植树节、愚人节、清明节、青年节、母亲节、父亲节、儿童节、端午节、建党节等十多个节日，如果再加上世界地球日、全国爱眼日、世界无烟日等纪念日，那就更多了。季节的更迭、节日的到来都会给教育管理工作带来一定的影响。所以，在制订工作计划的时候，班主任也要考虑时令、节日等各种因素，以使计划更加严密、有效。

怎样写好工作计划呢？工作计划没有固定的格式和统一的模板，也不需要长篇大论、旁征博引，更不需要夸张渲染、刻意雕琢，只要把事情说清楚就可以了——言简意赅、平铺直叙、开门见山。

二、开好主题班会，立下规矩成方圆

经过一个寒假的放松，学生对自由、随意、节奏缓慢的居家生活已经适应，而且非常留恋；对紧张、严肃、快节奏的学校生活不太适应，甚至还带有一些抵触情绪。所以，开学之初，学生们虽然身体已经开学，但心灵还在放假，可以说是身在校园心在家园。这种“身心分离”的状况，很容易导致迟到、早退、上课睡觉、不完成作业、情绪低落等问题的发生。

要避免这类问题，班主任就要开好第一个班会，重申纪律，再敲警钟，让学生从心理上与假期做一个了断，让他们身心合一地回到校园，开始新生活，迎接新挑战。

三、做好安全教育，确保开学顺利

春节假期长，活动多，产生的影响也大。

学生们喜欢过春节，不仅因为可以享受假期，还因为可以得到压岁钱。

我曾做过一个有关压岁钱的问卷调查，参与调查的150名学生平均得到的压岁钱是820元，最多的7000元，最少的80元。小学生的压岁钱多数由父母保管，而中学生的压岁钱多数由自己保管。

兜里有钱之后，学生们会做什么呢？买喜欢的东西，做喜欢的事情。

学生喜欢买什么东西呢？除了书本、文具、服装、玩具之外，还有很多老师们想不到的东西。有一年寒假结束后开学，一个男生带来了一把精美的瑞士军刀，非常兴奋地告诉同学："这是我用压岁钱买的，削铁如泥，所向披靡。"我知道，他带刀子来学校没有什么不良企图，只是为了炫耀，但是，这毕竟是一个安全隐患。还有一次开学，一个男生把鞭炮带到了学校，准备和同学一起放鞭炮，被老师及时发现处理掉了。女生会出现类似的问题吗？当然会。有一次开学，一个女生把两只荷兰鼠带到了宿舍，被生活老师及时发现，强迫她拿回家饲养。

学生们平时学习紧张，生活单调。过节了，放假了，生活一下子变得丰富多彩，再加上有了自由支配的压岁钱，他们会买很多新鲜的玩意儿，而这些东西有可能会被装进书包带到学校。

学生喜欢做什么事情呢？玩游戏、看电影、唱歌、滑冰、旅游、聚餐，等等，不是说这些活动不好，我们也不能禁绝一切活动，但如果未经允许私自行动，没有成年人的陪伴指导，安全事故随时有可能发生。所以，开学时，班主任一定要严肃班级纪律，严查班级考勤，引导学生把精力集中到学习上来。

成年人有钱会变，孩子们有钱也会变，会变得更加调皮，更加任性。老师们要多加注意！

四、假期作业有反馈，承前启后开新篇

每次放假之前，老师们费尽心思，给学生布置假期作业。学生们忙碌一个假期完成了作业，等待老师的检查，期待老师的表扬。

结果如何呢？开学伊始，工作千头万绪，老师根本没有时间检查假期作业。有的老师收了作业却没时间批改，作业如泥牛入海有来无回；有的老师

干脆把假期作业抛于脑后不闻不问。这些有始无终、虎头蛇尾的做法，既打击了认真完成作业的学生的积极性，又助长了不完成作业的学生的侥幸心理，最终损害的是老师言出必行的形象，失去的是学生对老师的信任。

老师们一定要认真对待学生的假期作业，按时收，认真看，及时反馈，有始有终，树威立信，承前启后，为新学期开一个好头。

五、弘扬雷锋精神，吹响文明号角

3 月 5 日是学雷锋纪念日，三月是学雷锋文明礼貌月。每年 3 月 5 日，我们学校都要召开“三五表彰大会暨‘学雷锋我行动’启动大会”，号召学生“学雷锋见行动，争做文明中学生”，这是本学期的一件大事，也是凝聚人心、推动班级文明建设的一个契机。

近些年，有人质疑雷锋的做法，否定雷锋的价值，认为雷锋精神已经过时，学雷锋只不过是走过场、造声势。社会上也流传着“雷锋叔叔没户口，三月来，四月走”的说法。

这些思想也影响了成长中的学生。有的学生认为“学雷锋”就是一个活动、一项任务，好事是特意做的，文明是做给人看的。结果每年三月“雷锋”闪现闪离，“文明”随时下课。学生到敬老院做志愿者，对敬老院的老人耐心十足，回到家里对自己的爷爷、奶奶却毫无耐心；把敬老院打扫得干干净净，在校园里却乱扔垃圾；做一天“小交警”，协助警察劝解路人遵守交通规则，放学后自己却无视闪烁的红灯，飞奔而过……如何让雷锋精神永驻心间，让文明成为习惯呢？

讲读雷锋故事，阐释雷锋精神。对成年人来说，雷锋并不陌生，因为我们听过雷锋的故事，读过雷锋的日记，对雷锋有较多的了解，所以我们热爱雷锋。但对中小学生来说，雷锋就显得有些遥远。他们只知道雷锋是个好人，而对雷锋的事迹所知不多，对雷锋精神也不甚了解。没有了解就没有感动，没有感动就没有行动。所以，有些学生对“学雷锋”活动缺乏热情，被动服从、敷衍塞责，只有行动没有心动。

有鉴于此，我们有必要给学生讲讲雷锋的故事，解读雷锋的精神，让他们详细了解雷锋，完成由了解而佩服、由佩服而感动、由感动而心向往之、由心向往之而付诸行动的心路历程。

澄清错误认识，发扬雷锋精神。雷锋精神过时了吗？我们现在还需要雷锋精神吗？这是很多人在思考的问题。我组织学生展开讨论，让他们结合社会现实和自身情况，谈谈学雷锋的现实意义。

经过激烈的思想碰撞，学生们澄清了认识，统一了思想，达成了共识——雷锋精神没有过时；雷锋精神是永恒的，是社会主义核心价值观的生动体现。面对老人摔倒无人扶的社会冷漠症，我们需要学习雷锋的真诚与热情；面对一些人贪图享受、游戏人生、见异思迁的生活态度，我们需要学习雷锋的干一行爱一行的扎实作风……

认识到位了，行动更加自觉。当学生们发自内心、自觉自愿地投入“学雷锋我行动”活动中的时候，行动加心动，效果更加显著。

结合实际学雷锋，不求热闹求实效。每到3月5日这一天，很多人会走上街头学雷锋，诸如，维护交通秩序、参加义务劳动、提供便民服务、为孤寡老人送温暖，等等，这些做法确实是学雷锋，但刻意而为总有作秀之嫌。

那么，我们今天该怎样学雷锋呢？我把问题交给学生，让他们进行讨论。通过讨论学生们明白，学雷锋不难，做雷锋不傻；学雷锋不是额外的负担，而是成就自己的捷径；走出校园服务社会是学雷锋，立足岗位做好自己、善待他人、尽职尽责也是学雷锋。

学生们一致认为，要把雷锋精神和自己的实际结合起来，立足岗位学雷锋。学习雷锋的钉子精神，在学习上分秒必争，刻苦钻研；学习雷锋对工作像夏天般火热的敬业精神，努力搞好学业；学习雷锋对待同志像春天般温暖的助人为乐的精神，团结同学，共同进步；学习雷锋把高尚的爱国主义情感融于平凡工作中的精神，做到爱家庭、爱班级、爱学校、爱祖国；学习雷锋勤俭节约的做法，节约一张纸、一度电、一粒米、一滴水，做到纸用两面、吃饭光盘、人走灯关……

认识到位了，热热闹闹的活动就变成了扎扎实实的行动。同学病了，有人给买饭；水杯空了，有人帮忙打水；教室窗台上的花开得很鲜艳，因为有人精心呵护；食堂的剩饭剩菜少了，长明灯、长流水没有了；学习更努力，班级更温馨，师生关系更和谐。

挖掘节日文化，拨动爱的琴弦。节日本来就是普通的日子，因为被赋予了特定的含义而成为节日，变得不再普通。班主任可以适当利用这些节日，挖掘其文化内涵，对学生进行启发、引领，使之产生教育作用。下面就以妇女节为例，谈谈我的做法。

有一年，我担任高一年级的班主任，有几个学生非常叛逆，总是嫌妈妈唠叨，经常和妈妈顶嘴，亲子关系不和谐。妇女节来到了，我让每个学生给妈妈写一封信，和妈妈说说真心话；要求妈妈给孩子写一封信，和孩子说说心里话。写信是一种特殊的沟通方式，没有了疾言厉色，没有了针锋相对，孩子和家长都能静下心来思考，敞开心扉交流，平时不敢说、不想说、不好意思说的话都写了出来。这封信在孩子和家长之间架起了一座心桥，使亲子关系变得和谐、美好。

有一年，我担任高二年级的班主任，妇女节不是周一，没有时间开班会，我就利用语文课，组织学生开了一个以歌颂妈妈为主题的“诗歌、故事、音乐欣赏会”，孟母三迁、岳母刺字，这些耳熟能详的故事，《游子吟》《回忆我的母亲》这些经典的诗文，《烛光里的妈妈》《听妈妈的话》《母亲》这些广为流传的歌曲，撞击着学生的心灵，使他们对母爱有了更为深刻的认识。

有一年，我担任高三年级的班主任，三月十号有一个大型考试，学生们有些焦虑。三月七日，我给每个学生发了一张空白贺卡，让学生写上对妈妈的祝愿，亲手交给妈妈。我悄悄地给家长发了一条短信，告诉她们接到贺卡后要认真阅读，对孩子表示感谢，并给予孩子热情的鼓励，营造一个轻松、自在的家庭氛围。家长们接受了我的建议，做得很到位。

教育无痕，一张小小的贺卡打破了家庭的沉闷气氛，妈妈的几句鼓励化解了学生的焦虑情绪。我感谢这个节日：妇女节，你来得正是时候！

中华民族是礼仪之邦，节日文化丰富多彩。师生一起过节，是情感的需要，也是教育的需要，套用前几年流行的说法就是“节日搭台，教育唱戏”。但节日很多，不可能每个都过，教师要根据实际需要做出选择，不要为了过节而过节，否则就会喧宾夺主，事与愿违。

老师们，一年之计在于春，一日之计在于晨。新的一年开始了，新的学期来到了，让我们静下心来、脚踏实地地去工作吧，用真诚和努力去书写我们春天的故事！

四月，班主任要做好三件事

最美人间四月天，山清水秀花满园。在这美丽的四月，班主任该做些什么呢?

一、愚人节——让学生知轻重、懂分寸

四月一日是愚人节。对这个舶来的节日，成年人大都没有兴趣，孩子们却非常喜欢。

对学生过愚人节这件事，我认为班主任不要反应过度，既不要大张旗鼓地鼓励，也不要小题大做地禁止，只要多留心、多提醒，遇到问题及时出手就可以了。

为什么要多留心、多提醒呢？原因有三。第一，学生们对愚人节所知不多，很多人认为愚人节就是整人节，整人就是撒谎、欺骗、捉弄人。在这种认识之下过愚人节，很容易背离初衷，做出不当之举。第二，在中国，愚人节还算是一个小众节日，形不成相应的节日氛围，很多学生对此不感兴趣，甚至根本不知道哪一天是愚人节。如果有学生贸然地和这些“不在节日状态”的同学开玩笑，就可能产生误会甚至矛盾。第三，也是最重要的一点，学生们心智不成熟，不懂得轻重，如果把握不好分寸，玩笑开得太大，就有可能造成严重后果。

当然，如果班主任利用班会时间，给学生们讲讲愚人节的相关知识，提醒学生们文明过节，快乐过节，也未尝不可。不过，一定要告诉学生不论做什么事情都要把握分寸，不要把“节日游戏”延伸到日常生活之中。

二、清明节——培养学生的家国情怀

清明节是一个重要的传统节日。踏青赏春、追思怀远、缅怀先烈是清明节的重要活动。这是对学生进行爱国主义教育、培养家国情怀的契机。如何让节日发挥应有的作用呢？我说说自己的做法。

华北军区烈士陵园是全国爱国主义教育示范基地。国际主义战士白求恩、柯棣华，民族英雄马本斋等烈士均安葬在这里。每年清明节，学校都要组织高一年级的学生步行去华北军区烈士陵园扫墓，举行新团员入团仪式，对学生进行爱国主义教育。

对学校统一组织的大型活动，很多老师认为，听将令、随大溜、上传下达就可以了，不需要深入思考和详细规划，我不赞成这种观点。我认为越是统一组织的大型活动，班主任就越要精心谋划。因为，学校是从宏观上进行设计的，不是针对具体班级的。班主任必须结合自己班级的具体情况，进行深入思考，订出活动计划，才能让活动落地生根，取得实效。我的具体做法如下。

提前准备。每次带领学生到华北军区烈士陵园扫墓之前，我都要提前开班会做动员。一是讲明扫墓安排，提出各项要求，如集合时间、地点、携带物品、着装要求、参观纪律等；二是讲解清明节的相关知识和本次活动的目的，让学生带着知识、带着思考、带着任务去参加活动，远比一无准备、大脑空空地去参加活动要有成效。

当然，班会的形式可以多种多样，有时候是老师讲，有时候是班干部讲，现在网络如此发达，我也会发动学生去搜集相关知识，在班会课上进行交流展示，学生更喜欢这种形式。

注重过程。我校距离华北军区烈士陵园大约五公里，学生们步行前往，我就和学生一起步行。看着整齐的队伍、年轻的脸庞和飘扬的团旗，我的内心也会激情澎湃。到了烈士陵园之后，我和学生们一起参加公祭仪式，聆听先烈们奋斗牺牲的故事，举行新团员入团宣誓活动，重温入团誓言。因为全程和学生在一起，对学生的情绪变化了如指掌，能够适时点拨，及时引领，使教育变得自然而然、深刻有效。

跟进反思。学生最喜欢的是活动，学校最容易开展的也是活动。但很多时候，我们花了大量的时间和力气搞活动，预案做得很完备，过程做得很完美，报道做得很及时，轰轰烈烈，气势夺人，却收效甚微。为什么？因为忽略了跟进反思这个过程，致使活动如旋风掠过水面，风过水无痕。为了让活动深入人心，起到深刻长久的作用，扫墓归来，我让学生结合自己的实际生活写感想，在班会上交流分享；以“缅怀先烈，做合格中学生”为主题办板报、墙报；讲烈士的故事，看爱国主义题材的影视作品，举办以“和平时期，我们怎样爱国”为主题的演讲比赛。这一系列活动把清明扫墓活动引向深入，使学生认识到幸福生活来之不易，要倍加珍惜。

可能您会问：“活动前一个班会，活动后一个班会，一个清明节把整个四月份都占满了，其他事情怎么办？”在我的教育计划中，四月和十月就是“爱国主义教育月”，我相信，当“爱国”这份情感在学生心中深深扎下根的时候，很多问题就迎刃而解了！

也有人会问：“我的学校不组织学生去烈士陵园扫墓，那该怎么办呢？”其实，节日有很多种过法，教育应不拘一格。爱国主义教育的形式多样，到烈士陵园扫墓仅是其中一种而已。

还有人会问：“现在的学生很自我、很叛逆，这些活动真的能起到作用吗？”我的回答是——能。孩子的心灵是单纯的，孩子的灵魂是高贵的，孩子们对国家、民族的情感是无比真挚的。教师要做的就是激发和唤醒——激发他们的爱国热情，唤醒他们的民族自豪感和使命感，这是每一个教育工作者义不容辞的责任。

教书多年，我体会最深、最想说的一句话是：“请相信孩子。”

三、呵护心灵——让春天成为读书天

有一首打油诗说：“春天不是读书天，夏日炎炎正好眠。秋有蚊虫冬有雪，收拾书包好过年。”春天为什么不是读书天呢？诗中没说，我们不妨分析一下。

第一，春天草长莺飞，百花盛开，山清水秀，景色宜人。美丽的景色吸引着学生踏青赏春、结伴郊游。这些活动本身就是一堂爱国、爱家、爱美的教育课，很有意义。但有时候也会分散学生的注意力，影响学习。所以，教师和家长要科学引领，适度限制，让他们在感受美好春天的同时，牢记“一年之计在于春”的古训。

有一年春天，一个雨过天晴的早晨，有四个学生迟到了，我叫他们到办公室。他们急匆匆地来到办公室，满脸都是难掩的兴奋。第一个学生说：“老师，真是太美了。”

我被这无头无脑的话弄蒙了：“什么太美了？”

“公园里的花呀！昨天我们路过的时候花还没有开，今天早上花全开了，太漂亮了。我们被吸引住了，不知不觉走了进去，不知不觉就迟到了。老师，我们不是故意的，您不说爱美之心人皆有之吗？我当时还想起了杜甫的诗：‘好雨知时节，当春乃发生。随风潜入夜，润物细无声。野径云俱黑，江船火独明。晓看红湿处，花重锦官城。’我这回才明白，‘花’为什么‘重’……”

第二个学生赶紧说：“老师，我想到的是岑参的诗，‘忽如一夜春风来，千树万树梨花开’。我们当时还背了这首诗呢。”

第三个学生说：“老师，不仅花好看，柳树也很漂亮，我想到了韩愈的‘最是一年春好处，绝胜烟柳满皇都’。以前您讲‘烟柳’，我怎么也想不出烟和柳树有什么关系，现在我终于知道了。”

第四个学生说：“老师，您以前讲‘临花轻颤手’是一种境界，我不理解。不就是一朵花吗，摘就摘了呗！花店里的花不都是摘下来卖的嘛！现在我明白了，看着那迎风摇曳的花朵，不要说用手去摘，就是靠近了闻一闻都舍不得。可远观而不可亵玩焉！”他拿腔拿调地说。

听着四个人配合默契的“咏春赛诗会”，看着他们调皮的表情，我想到了“雅痞”一词，如果说这四个学生在和我耍赖，那也应该算作“雅赖”了。我笑了：“既然你们诗兴如此之浓，我也背一首诗吧。‘山外青山楼外楼，西湖歌舞几时休？暖风熏得游人醉，直把杭州作汴州。’你们懂我的意思吗？”

他们当然懂我的意思，立刻表态：“老师，我们以后再也不迟到了。我们绝对不会玩物丧志。”

听了他们的话，我高兴地笑了：“好吧，赶紧去上课。”

跑出办公室的时候，一个学生调皮地回过头来说：“老师，公园里的花真的很美，您下班去看看吧！好花不常开啊，去晚了，花儿就谢了。”

用时下流行的一句话说，“我也是醉了”。中午下班，我没有回家，而是去了那个公园，我被满园春色陶醉了，拍了很多照片，做成了 PPT，在语文课上放给学生们看，告诉他们：“世界并不缺少美，而是缺少发现。爱我们的家乡吧，我们的家乡很美！”当然，我也提到了四位同学迟到的事情，提醒大家做事分清主次，牢记自己的职责。

第二，春天万物萌生，人也精力充沛，春心萌动，青春期的学生更是如此。随着春天的到来，户外活动增多，学校的大型活动更加频繁，如果不加注意，学生很容易出现早恋风潮，进而影响学习。所以，在组织活动时，班主任要全面思考，精心设计，少组织一些小团体一对一的活动，多组织一些参与度高的集体活动，让学生们在活动中释放能量，增进友谊，形成集体荣誉感，增强班级凝聚力。

第三，春天美丽而又短暂，这急剧的变化很容易引起人的情绪波动，使人感时伤事，顾影自怜，见落花而伤怀，临暮春而伤感。林黛玉含泪葬花、杜丽娘游春伤怀就是绝好的例子。所以，有人说春天是心理疾病多发的季节。

中学生正处于多愁善感的年纪，尤其是初三、高三的毕业生，繁重的学业、单调的生活、频繁的考试，已使他们焦头烂额；而那一地落花、满城飞絮有可能成为引发不良情绪的导火索。周一的早晨，校园的樱花落了一地，一个值日的女生，拿着笤帚站在树下，自言自语地说：“多美的花呀，扫了太可惜了！”她郁闷地蹲下身子，用手把脚下的落花慢慢地归拢到一起，望着那随风翻飞的花瓣，黯然神伤。看着她痴痴的样子，我想，如果她手里拿的不是笤帚而是花锄，那不就是现代版的林黛玉吗？我走过去，对她说：“落花很美，扫了的确可惜。别扫了，把废纸捡走就可以了。”她很高兴，笑着走开了。

我始终坚信，人类是不断进化的，今天的孩子心思之敏感、情感之细腻，既不输给成人，也不输给古人。对于学生的苦闷、焦虑，我们不要简单地归结为“少年不识愁滋味”“为赋新词强说愁”，而要站在学生的角度去体察学生的内心，帮他们抚平心灵的褶皱，打开心灵的千千结，让他们的心丰盈、灵动而又宁静、祥和。果能如此，春天就是读书天！

林徽因说：“你是一树一树的花开，是燕在梁间呢喃，——你是爱，是暖，是希望，你是人间的四月天！”

我想说：“你是一句一句的教导，是一日一日的陪伴。你是清风拂人面，你是细雨润心田，你用爱和温暖，谱写教育的诗篇，这就是班主任的人间四月天！”

五月，班主任要做好五件事

一年十二个月，哪个月最重要呢？答案因人而异。如果你喜欢春花，阳春三月不容错过，因为“人间四月芳菲尽”；如果你喜欢红叶，金秋十月不容错过，因为“霜叶红于二月花”；如果你想领略荷的风采，盛夏六月不容错过，因为此时荷叶碧接天，莲花别样红；如果你想欣赏松的坚强，寒冬腊月不容错过，因为“大雪压青松，青松挺且直”。而对毕业班的班主任来说，我认为最为重要的是五月，因为三年耕耘，丰收在望，五月过得好不好，直接关系到中考、高考的成败！

五月，班主任该做哪些事情呢？

一、心平气和

越临近毕业，学生心理压力越大，就好比马拉松运动员，越接近终点越疲劳一样。时至五月，高考迫在眉睫，学生身心俱疲，情绪不稳，稍不注意，就可能导致情绪失控，甚至会造成大面积的情绪流感，进而影响考试成绩。要避免此类问题的发生，班主任就要做到心平气和，而最难做到的恰恰是心平气和。

作为高考的过来人，作为学生的引路人，作为有责任心的教师，作为爱生如子的班主任，我们为学生惋惜，替学生着急，恨不能一声断喝让他们幡然醒悟：反复讲的知识为什么还不会？反复强调的错误为什么还不改？冰雪聪明的学生为什么不努力？就剩一个月了为什么还不抓紧时间？

爱之深而责之切，在这种恨铁不成钢的心理“驱使”下，班主任的情绪非常焦虑，说出的话是尖锐的，处理问题的方式是不调和的，甚至是偏激的。于是班级气氛压抑，学生情绪激动，师生关系紧张，班主任的心态不再平和。

其实，反复讲的知识还不会，这很正常，不然为何用“温故而知新”“学而时习之”呢？既然要反复讲，说明这个知识很重要；既然反复讲还不会，说明这个知识有点儿难，那就换个方法再讲好了。平时的考试就是为了发现问题，查漏补缺，只要高考不结束，漏洞永远补不完。对于考试暴露出的问题，我们应该高兴乃至庆幸：早发现比晚发现好，现在出错比高考出错好。果能如此，我们的心态就能平和一些。

反复强调的错误还不改，这也很正常，不然为什么说“积习难改”呢？冰雪聪明却不努力，这也很正常，不然为什么说“年少轻狂”呢？火烧眉毛不着急，这也正常，不然为什么有“皇帝不急太监急”的俗话呢？

如果你把这一切看成不正常的，总想改造他们，那就会阻力重重；如果你把这一切看作正常的，从心理上接纳了他们，心平气和地去想办法，就有可能把这些“正常”的学生变成“超常”的学生。果能如此，你就会觉得自己的工作很有意义，心情会更加舒畅，心态会更加平和。

当我们心平气和地走进教室的时候，当我们和颜悦色地和学生交流的时候，当我们客观、冷静地面对学生成绩的时候，学生情绪的巨澜会逐渐平息，一场将要爆发的情绪流感可能会因此烟消云散。

对班主任来说，五月最需要的心态就是平和！

二、学会微笑

有些班主任说：“我的苦恼不仅来自学生，还来自四面八方，上面千条线，下面一根针，所有的压力都向班主任身上聚合，真是压力山大呀！”

家长说孩子不听话，请班主任多费心；任课教师反映学生不努力，请班主任多要求；模拟考试成绩不理想，领导让班主任找原因、想办法；大会小会开不停，自己的时间不能掌控，工作计划全都落空。

如山的压力使班主任无比郁闷：“你的孩子，凭什么让我管？家长太不负责任了；你的学科你做主，为什么让我给学生提要求，任课教师太无能了；领导每天说没有教不好的学生，只有不会教的老师，纯属站着说话不腰疼，你来试试看；大会小会开不完，哪有时间教学？”所以，越是临近高考，班主任火气越大，每天顶着一脑门子官司，走路急匆匆如一阵风，说话急火火如连珠炮，情绪大起大落如坐着过山车，连微笑都是一种奢侈的表情。

到底该怎么办呢？换个角度思考会好一些。家长请我们管孩子是相信我们；任课教师让我们管学生是信赖我们；领导让我们想办法是器重我们；大会小会开不完，是有人帮我们把关导航，集团作战远胜于单兵突围，为什么要抱怨呢？如果您能这样想，就会少一些烦恼，多一些快乐。

对毕业班的班主任来说，五月最需要的表情是微笑。

三、适度关注

很多人认为，临近高考，学生学习紧张，体力、脑力消耗都很大，情绪不稳定，家长、老师要多关心学生。殊不知，过度关心就是打扰。

有一次，一名学生因心情不好，找我谈话。他说：“自从我上了高三，妈妈就请了长假在家里照顾我。我一回家，她就问我学习累不累、心情好不好、班里有什么有意思的事情，像个包打听一样。我不想顶撞她，可她不明白，我在学校已经很累了，回到家不想说话，就想安静一会儿……可是，如果家里安静下来了，我也很难受。我在屋里写作业，妈妈就坐在客厅里。她不看电视，不玩电脑，家里静悄悄地，很怪异……更让我受不了的是妈妈的“殷勤”，我在屋里写作业，她一会儿端杯水进来，一会又送个水果进来，轻手蹑脚的，像个小丫鬟一样。看着她忙碌的样子，我很害怕也很担心：如果我考不好，该怎么办？……”

这个例子告诉我们，有时候，过度关注就是变相施压，过分关心就是另类打扰。给学生创造一个舒适、自在的学习环境，让他安心地学习，才是最好的关心。

高考越来越近了，竞争已到白热化地步，学生们的焦虑情绪也与日俱增。老师做工作更要讲究方法，把握分寸。

模拟考试结束了，种子选手成绩下降，班主任语重心长，各科老师轮番上阵。愿望是好的，方法也不错，但过多的关注不仅耽误学生的时间，还可能产生副作用。偶然失误，学生本来没当回事，老师们如临大敌的态度使他意识到事态的严重性，关键时候掉链子，高考会不会也这样呢？于是，自信心开始动摇，失败接踵而至。这就是人们常说的“禁不起失败”。

同样是模拟考试，一个学生成绩进步显著，被老师视为“黑马”。于是班主任表扬，任课老师夸奖；下课谈心，上课提问，他成为班级的焦点。平静的生活被打破，良好的心态也随之消失，接下来的就是患得患失、焦虑、浮躁、成绩跌落。这就是人们常说的“禁不起成功”。

其实，因为教师和家长过度关注给学生造成心理阴影的例子并不鲜见：一次考试作文写跑题，以后每次考试老师和家长都提醒他认真审题，千万别跑题，强调的结果是他对自己的审题能力越来越不自信，自我怀疑、自我否定的结果是次次跑题；学生偶尔一次忘记涂卡，以后每次考试老师和家长都提醒他涂卡，强调的结果是明明知道自己涂卡了，走出考场就怀疑自己没涂卡……

过犹不及，五月份，班主任对学生最好的帮助就是适度关注！

四、心随你动

大战在即，作为班主任，我们愿意和学生同舟共济，愿意尽自己所能帮助学生。可是，却经常受累不讨好，教师辛苦付出，学生根本不买账。为什么？因为那是你想做的，不是学生需要你做的。怎么办呢？教师要调整思路，把“心随我动”变成“心随你动”！

一天下班了，家里来了客人，我准备回家。这时，一个学生推开办公室的门：“老师，我心情不好，想和您谈谈，您现在有时间吗？”学生能够鼓起勇气、放下学习来找我，这个谈话一定很重要，我不能拒绝；他把“现在”二字说得很重，说明谈话不能推迟。我平静地说：“有时间，请坐。”学生需要我的时候，我在。班主任应该是及时雨！

“二模”考试结束了，一名尖子生成绩退步很大，情绪有些低落。我想找她谈一谈。她说：“老师，我已经找到原因了，我自己可以解决。您就放心吧。我现在没时间和您谈，也没什么好谈的，如果需要我会找您的。”“好吧，随时恭候。”我们相视一笑，各自潇洒走开。学生不需要我的时候，我走开，这是教师应有的情怀！

小 A 是我办公室的常客，她是一个心思细密、敏感而胆小的女生，善于倾诉，我甚至怀疑她对我有些“倾诉依赖”。进入高三之后，学习越来越紧张，她来办公室的次数越来越多。考试前要来，考试后也要来；成绩退步了来，成绩进步了也要来；心情不好要来，心情好了也要来。

自习课时，她一脸沉重地来到我办公室，开启了倾诉模式。从爸爸、妈妈说到同学、老师，一会儿委屈地流泪，一会儿郁闷地叹息。我静静地听着，偶尔点点头，陪她叹口气。我知道，她需要的不是指导而是倾听，一叹共情远胜于析事论理，我只要做一个耐心的听众就可以了。

“二模”考试前一天，她又来到我办公室：“老师，我在教室学不进去，在您这儿写会儿作业行吗？我保证不打扰您。”“当然可以！我愿意做你的伴读。”她高兴地坐下来，瞬间投入学习之中。

只要不违反原则，不违背规律，只要有利于学生健康成长，你需要我做什么，我就为你做什么，管理与教育也可以量身定做！

五、点燃激情

五月有三个节日，劳动节、青年节和母亲节。班主任可以利用青年节对学生进行励志教育，唤醒学生的责任意识，点燃五月的激情；也可以利用母亲节，打好亲情牌，唤醒其感恩意识，寸草春晖，让他们为母亲的幸福而读书。果能如此，五月将会充实而精彩！

一般情况下，学校会把节日的庆祝活动安排在非毕业班。比如，我校每年都要举行的“五四青年节演讲比赛”“歌咏比赛”“感恩母亲主题班会”，等等。这种安排是合理的，因为这些活动需要精心准备，而初三、高三的学生没有时间和精力去准备。

这些节日对毕业班的学生有用吗？我个人认为非常有用。因为无论是高三还是初三学生，进入最后冲刺阶段，早已人困马乏、疲惫不堪，特别需要借助节日注入激情，让他们鼓足干劲儿冲过终点。所以，这两个节日不仅要过，还要过好。怎么才算过好呢？简短、热烈、主题鲜明、节省时间、富有实效。学生没有时间准备，班主任自己准备；没有大块的时间开班会，利用十几二十分钟开个微型班会也可以。

教师少闲月，五月人倍忙。丰收在望，要想做到颗粒归仓，就要记住这五件事——心平气和、学会微笑、适度关注、心随你动、点燃激情。

六月，班主任要做好四件事

我一直在想：如果在中国举行一次全民投票，选出一年当中最重要的一个月，人们会选哪个月呢？我认为应该是六月。因为中考、高考、小升初这些牵动着千家万户的事情都发生在六月。可以说六月是考试月，是毕业月，同样也是升学月。六月如此重要，班主任该做哪些事情呢？

一、做好考前疏导，让学生静心备考

进入六月份，距高考只有一周时间了，学生已进入自由复习阶段。大考前的紧张、大战前的亢奋、学习的疲劳、升学的压力、离别的不舍，汇聚成一种特殊的情绪——考前焦虑。班主任对此要加以重视，努力做到多进班，多观察，早发现，巧疏导。

平和的态度是学生心灵的抚慰剂。教师的情绪是学生情绪的风向标，班主任的情绪是班级情绪的控制阀。如果教师每天迈着急促的步子，带着焦虑的情绪，如临大敌一般在教室里出出进进；如果班主任每天板着一张脸，方寸大乱、坐立不安地在学生身边打转，学生的情绪会更加焦虑。所以，抓毕业班的领导、教毕业班的教师、带毕业班的班主任，必须学会控制自己的情绪。即使您内心很焦虑，即使您刚刚受到领导批评，即使您刚刚接到家长投诉，即使您刚刚和家人怄气、拌嘴，即使您已经认定考试毫无胜算，当您走进教室出现在学生面前的时候，也要温和、冷静、淡定、从容，给学生一种岁月静好的感觉。

您可能不同意我的看法，认为我的要求有些苛刻。教师也是人，班主任也是烟火人间的饮食男女，也有喜怒哀乐，也有七情六欲，也很在乎高考。校长要成绩，家长看成绩，学生拼成绩，同事比成绩，班主任才是压力最大的人，我们比学生还要焦虑，谁来关注我们的心理？谁来化解我们的不良情绪呢？我一肚子火还没处发呢！我的回答是，我们是成年人，我们是带领学生向着高考堡垒冲锋陷阵的指挥员，不能自乱阵脚，否则三年的努力就会毁于一旦。所以，我们要学会控制自己的情绪：多进班，用我们的陪伴告诉学生，你不是孤军奋战，我们和你在一起；用我们的镇定告诉学生，没什么大不了，就是一次考试而已；用我们的笑容告诉学生，走过去也无风雨也无晴。

静静的陪伴是最有效的心理疏导。对不谙世事、没有经历过风雨洗礼的中学生来说，无论是中考还是高考，都是他们人生中的一件大事，紧张、害怕在所难免；对在父母羽翼下长大的中学生来说，中考、高考是他们第一次独立作战，焦虑不安理所当然。而按照心理学情绪 ABC 理论来讲，只要中考、高考这个使他们焦虑的事件 A 没有结束，他们的焦虑情绪问题 B 就不可能得到彻底解决，充其量得到一些缓解，不至于因为情绪失控而导致严重后果 C 而已。所以，此时此刻，最好的心理疏导是家长和教师的静静陪伴，而不是没完没了的追问、隔靴搔痒的安慰，也不是高大上的励志讲解“打鸡血”，更不是永远正确的指责。否则，疏导就变成了捣乱，安慰就变成了“扰民”。

这使我想到了一件事。有一年 6 月 2 日上午放学的时候，我看到一个女生有些奇怪。她是个乐天派，爱说爱笑，平时一放学就跑着回家吃饭。那天居然一个人留在教室，磨磨蹭蹭不回家。我走到她身边和她闲聊。她告诉我，因为马上就高考了，在外地工作的爸爸提前休假回来了，工作忙碌的妈妈请假给她做饭，姥姥从老家赶来为她加油、鼓劲儿。原来每天中午家里只有她一个人，吃完饭后睡一觉，下午上课精神饱满。现在不行了，家里挤满了人，桌上放满了菜。她很不习惯，吃不好睡不好，还要耐着性子回答大家的问题。她烦透了。本来胜券在握、毫不紧张的她，也被这“全家总动员”的阵势弄得紧张起来，万一考不好怎么办？不光对不起日夜操劳的爸爸、妈妈，还对不起年迈的姥姥……这样的陪伴不是减压是加压，不是助力是阻力，不是助推是助退。

六月份，学生最渴望的是“和平常一样”的生活，最需要的是“非请勿扰”的陪伴。作为家长和老师，在孩子走向中考、高考战场的时候，我们最该做的是站在学生身后，为他鼓劲儿、加油。

倾听、理解是化解不良情绪的法宝。一个瘦瘦高高的女生来到我办公室，情绪坏到了极点，未曾开口已泪流满面："老师，我身体不好。我生病了，头晕、胃痛，吃不下饭，睡不着觉，浑身没劲儿。我真的生病了，不是装病，也不是娇气，更不是找借口，我是真的支持不住了。可是大家都不相信。您相信吗？……"她越说越激动，声音有些哽咽，抬起头看着我。

我点点头："我相信你。"

她长出一口气："可是，我们老师不相信，我的同学也不相信，连我的爸爸、妈妈都不相信我，他们都说我无病呻吟。前几天，我差一点儿晕倒在教室，可是到医院医生也说我没病。后来妈妈带我去看中医，一个老中医说我身体太弱，给我开了中药。吃了两个星期的中药，我头不晕了，因此这两天才能来上学。"

"中医真的很神奇。"我附和道。

"可惜我爸不这样说。他说这纯属精神作用。他认为我根本没病，就是没有斗志，没有毅力。老师，我不是没斗志，我真的在坚持。您相信吗？"

看着她求证的目光，我毫不犹豫地回答："我相信。我相信你是一个有斗志、有毅力的人，你一直在努力坚持，而事实证明你已经坚持下来了。你已经拼搏了十二年，来到高考的独木桥前。"

"可是我实在坚持不住了，一熬夜就头疼。我该怎么办呢？"

"长途行军人困马乏，有点儿轻伤小病是正常的，马上就要发起总攻了，现在需要的不是熬夜苦战，而是调整休息，养精蓄锐。你休息了两周，表面看来耽误了学习，实际上是在做自我调整。认真感受一下，你现在的身体状况如何？是不是处于最佳状态？"

她沉默了几秒钟说："好像是的。我现在不熬夜了，每天晚上十点睡觉，白天精力很充沛，学习效率也很高。"

我微笑地看着她："想一想，以这样的状态走进考场好呢？还是拖着疲惫的身体，带着晕晕沉沉的脑袋进考场好呢？"

她开心地笑了，点了点头，柔弱的脸上透出一股自信。

谈话结束了，她调皮地问了一句："我刚进来的时候是不是很像祥林嫂？

我同桌说我像祥林嫂。”

我被逗笑了：“赶紧去学习吧！有这么开心的祥林嫂吗？”

倾听、理解是化解学生不良情绪的法宝。距离高考越近，学生的情绪起伏越大。对一些非原则性问题，我认为倾听、接纳比批驳、纠正更有效果。

二、适度关注，让学生以平常心应考

中考、高考都是大事，提前准备是必须的，反复强调也是必要的，但要适可而止。

第一次模拟考试结束了，成绩优秀的小 A 发挥失常。

原因何在呢？他说：“这次考试我太紧张了，考试之前，各科老师反复强调模拟考试非常重要，而且题量大，难度也大，所以，从一开始答题时我就加快速度，结果因为没认真审题，前面的选择题丢了很多分；后面的大题其实不难，但因为太紧张，丢三落四，错误百出，白白丢掉了很多分。”

还有一名学生，平时作文写得很好，立意成文，总能独辟蹊径。但是，一到考试时，她写的作文就令人大跌眼镜了，不是偏题就是跑题。

原因何在呢？她说：“中考的时候，我作文写跑题了，结果语文没考好，我也没有考上理想的学校。从那以后，每次考试写作文，我都非常小心，要花很长时间审题，结果还是跑题。更可悲的是，每次考试时，我一开始审题立意是对的，可我总在想，怎么会这么简单呢？不可能吧？千万不要写跑题啊！犹豫的结果是，我又一次放弃了正确的立意，选择了跑题。”

那她平时写作文为什么不跑题呢？她说：“平时写作文，我不紧张，怎么想就怎么写，反正写不好也没有关系。”

写到这里，我想起了刘墉写给女儿谈平常心的文章。刘墉说“平常心”就是“平常有的心”，就是“平常的心情”。如果你平常早餐都吃一个蛋、一块面包，晚上都睡七个小时觉；考试的时候，也要像平常一样睡七个小时觉，早晨吃一个蛋、一块面包，不要因为考试而改变。他建议女儿照平常的时间上床，即使早准备好了，也别因为想多睡几个小时而提早睡觉，因为太多人有过这样的教训，就是碰上第二天有大事，早早上床，既不困心情又紧张，反而造成失眠。

当然，要想学生有平常心，教师和家长首先要有一颗平常心。明天就要高考了，班主任该干什么呢？是开班会再次强调高考的重要性，还是和学生一起检查一下考试所需物品，告诉他们“对身经百战的你们来说，高考就是一次平常的考试而已”？我选择后者。家长该做些什么呢？是千叮咛万嘱咐、反复唠叨，还是告诉孩子“早点儿睡，我明天会准时叫你起床”？我希望家长也选择后者。

三、全程关注，让学生以稳定的心态参考

中考、高考一般是两天，这两天短暂又漫长，各种情况都可能出现，而每一种情况，都可能扰乱学生的心绪。

准考证、身份证是考生进入考场的凭证，缺一不可。总有马大哈的考生丢失或者遗忘，弄得手忙脚乱、心烦意乱而影响考试。为了确保万无一失，很多班主任选择替学生保管证件，进入考场之前再发给学生。虽然有包办代替之嫌，但特事特办，简单有效，我觉得不错。

有一年高考，大部分考生已经入场，还有一个学生没来，打电话没人接，家长联系不上，老师心急如焚。还有十分钟就停止入场了，学生才慌慌张张地跑过来。老师立刻满脸微笑，轻松地安慰学生：“没关系，不着急，还有时间。”我觉得这位老师很了不起，我很佩服他的做法。

其实，考试期间最容易出现的问题不是证件丢失的问题，而是情绪波动的问题。有一年高考，考完数学，一个学生情绪非常低落，回到学校就收拾东西准备回家，说数学考得很糟糕，明天不想考了。

我跑到宿舍拦住他：“同一张试卷，你觉得难，别人也觉得难。如果说今天的数学题击中了你的软肋，那么明天的理综和英语，没准儿就考到你优势呢。你今天发挥失常，也许明天发挥超常呢！幸运之神在向你招手，为什么不给自己一个机会呢？拼搏了十二年，怎么也要给自己一个交代呀。不战而降显然不是你的风格……”

他的情绪逐渐稳定下来，高高兴兴地完成了后面的考试。高考成绩出来

了，他以优异的成绩考入了理想的大学。

大事难事看担当，逆境顺境看襟度，临喜临怒看涵养，群行群止看识见。班主任的胸襟、气度在此时才得到突显。

四、延期卸任，扶上马再送一程

中考、高考结束了，学生毕业了，班主任可以卸任了。但是，我建议大家延期卸任，再陪孩子们走一程。为什么要这样做呢？因为这段时间是管理上的空白期，前面的老师已经卸任，后面的老师还没有上任，不论是升高中还是上大学，都是人生中的重大选择，学生很需要老师的帮助，所以，班主任还要继续关注，把学生扶上马再送一程。

中考、高考结束了，成绩还没有下来，学生的心绪很不稳定，尤其那些自认为考得不好的学生，惴惴不安，度日如年。成绩一旦下来，更是几家欢乐几家愁，学生的情绪还会有个大的波动。谁来关注这些毕业生的情绪呢？

每年中考、高考之后，都有初三、高三学生考后放松，结伴出游，遭遇车祸或者溺水身亡的消息见诸报端。为什么会出现这样的问题呢？学校生活是充实、忙碌、严谨而有规律的。毕业了，没人管了，没事做了，有充分的自由和大把的时间，却不知道该如何打发，于是聚会、出游就成为他们最喜欢的活动。而他们刚刚走出校门，不懂得生活，也不了解社会，只有一颗年轻而敢于冒险的心。谁来告诉他们如何规避风险保护自己呢？

一日为师，终身为父，作为有责任心的教师，我们要主动担起这份责任，关注学生的考后情绪，关注学生的暑期安全，把我们的工作延长一个暑假；主动做好与下一个学段的衔接工作，努力让教育无断裂、无空白。

其实，做到这一点并不难。高考之后，大约在 7 月 18 日，我会组织学生返校，召开最后一个班会“毕业啦”。回忆过去的生活，说出心中的疑问，讲讲暑假的安全，说说大学的规划，谈谈人生的理想，鼓励他们扬鞭催马，开启人生的新征程。

扶上马再送一程。没有人要求您这样做，但是如果您做了，您就会发现，这一程您看到的都是美丽，收获的都是幸福。

老师们，三年耕耘，一朝收获，能否实现大丰收，关键就在六月。让我们加倍努力，把六月过好，然后带着丰收的喜悦，去开启我们幸福的暑假生活吧。

暑假，班主任要做好七件事

盼望已久的暑假终于来到了，假期中，我们该做哪些事情呢?

一、休息

忙碌了一个学期，身心疲惫，休息、调整是必须的，那就好好休息一下。

二、旅游

读万卷书，行万里路，世界这么大，利用暑假去走走看看，锻炼身体，开阔眼界，是一件非常美妙的事情。那就带上家人，一起去旅游吧!

三、备课

这是学校的要求，属于规定动作，人人要做，放假前领导就布置了，开学第一件事就是上交教案；同时，这也是个人成长的需要，直接关系到新学期工作能否顺利展开。所以，假期备课不得马虎，也马虎不得。

四、读书

读书应该是教师生活的常态，但平时忙于工作，没有时间静下心来阅读。放假了，没有杂事纷扰，终于可以静下来读书了。读一点儿专业书籍，增加我们的深度；读一点儿专业之外的书籍，增加我们的广度。当思想变得丰富的时候，我们的人生就能变得多姿多彩。开卷有益，那就让我们打开书卷，开始阅读吧!

五、反思

教师的工作是忙碌的，每一个日子都被琐碎的事情填得满满当当，精神高度紧张，像上满弦的发条；生活节奏很快，像高速运转的陀螺。更多的时候，我们就是学校这部大机器上的一个齿轮，在整个机器的带动下高速地旋转，却不知道为什么旋转，也不知道自己旋转得怎么样。放假了，机器暂停运转，我们可以好好反思总结一下了：做得不好的事情，找出原因，总结教训，引以为戒，自己的省察、觉知远胜于领导的批评、指正；做得好的事情，总结经验，告诉自己戒骄戒躁、谨慎前行，自觉的反思归纳有助于教育智慧的凝聚和升华。

当然，如果把反思所得写成文章与人分享，那就是思想之树开出了花朵；如果能够把反思的结果运用在新学期的工作之中，使自己少一点儿失误，多一点儿成功，那就是思想之花结出了硕果！如果每个学期都做这项工作，您就有可能从教书匠成长为教育家。泰戈尔说："天空没留下翅膀的痕迹，但我已飞过。"我不知道这是潇洒还是无奈，但作为有思想、有理想的人，我们不能白走这一遭啊，要努力为自己留下痕迹，留下痕迹的方法就是记录！

六、教子

天下至重莫过读书，人生至要莫如教子，教子读书就是人生第一重要的事情。教师平时工作繁忙，照顾孩子的时间不多，放假了，应该好好陪陪自己的孩子。打一个比方，学校就像一个大花园，教师是园丁，学生就是满园花朵，但那都是人家的花朵；家就是我们的私人花园，孩子就是自家花园里的青松或者玫瑰，我们要精心呵护。

平日里，教师对学生很有耐心，能够做到百问不烦、百烦不厌、百厌不言、喜怒不形于色，对自己的孩子却缺少耐心，动不动就大光其火，而且指责、批评自己的孩子时根本不讲方法。其实，自己的孩子也是孩子，也有弱点，也有自尊，也需要鼓励，也需要关爱。放假了，暂时把学生放一放，静下心来，好好指点一下自己的孩子吧。没有人能承受孩子的失败，教师更是如此，莫把遗憾留给自己！

七、告诉家长四件事

以上六件事大家都在做，而且做得很用心，不用多说。我要说的是，班主任在放假之前，必须告诉家长的四件事。

1.不要再让电视、电脑、手机做孩子的“保姆”了

前不久，和一个年轻人聊天，他问我现在的学生好不好管。我说：“也好管也不好管。说不好管是因为学生想法很多、个性很强；说好管，是因为现在的学生不像以前的学生那么调皮了，爬树、上房、砸玻璃、跳墙头、拔气门芯之类费力气的事情基本不干了。只要给他们一部手机，他们就能安安静静不惹麻烦。”年轻人颇有感触地说：“是啊，给孩子一部手机就有可能把孩子毁掉。”

这句话听起来有些夸张，但也不是完全没有道理。从教三十多年，我经历了网络从无到有再到无处不在的全过程。我见过拖着疲惫的身子，睁着迷离的双眼走进教室的网瘾少年。有一次，学校附近小卖部的老板，拿着一张借条要我还钱，原来学生借钱去网吧居然签的是我的名字。我也遇到过上课玩、下课玩，晚上熄灯后躲在被窝里偷着玩手机的学生。家长给孩子配备手机是为了方便联系，可是孩子呢？玩游戏、看小说、用手机作弊，把手机的所有“副功能”都充分开发出来了，给家长打电话报平安这个“基本功能”几乎被废弃了。家长为此苦恼，教师为此苦恼，甚至学生自己也为此苦恼。

为什么会这样呢？请设想以下几个场景。

孩子很小，家长要去做饭，孩子又哭又闹。怎么办呢？家长打开电视，找到孩子喜欢的动画片让孩子看，孩子不闹了，家长安心去忙了。对孩子而言，电视是什么？是一个不知疲倦的临时保姆。

孩子长大了一些，家里来了客人，孩子人来疯，兴奋地在客厅跑来跑去，搅得大人没法谈话。怎么办呢？家长打开电脑，找到孩子喜欢的游戏让孩子玩，于是孩子安静了，大人可以喝茶聊天畅谈人生了。对孩子而言，游戏是什么？是一个没有代沟的临时保姆。

孩子放学了，家长忙了一天很累，回到家只想休息，孩子缠着家长讲故事，家长实在没力气没心情了，拿出手机递给孩子："手机里有故事，你自己去听吧。"孩子拿着手机走开了，故事、图片、电视剧，应有尽有。对孩子而言，手机是什么？是一个有求必应的临时保姆。

这样的场景在很多家庭里都出现过。分析一下，您把电视、电脑、手机当成了临时保姆。您忙了、累了、烦了，就把孩子交给"保姆"。日久生情，孩子与"保姆"的感情越来越深，对"保姆"的依赖程度越来越重，于是小小年纪就成了电视迷、游戏狂、手机控。等孩子眼睛近视了，网络成瘾了，手机依赖了，成绩糟透了，性格偏执了，家长才后知后觉地发现问题严重了，采取强迫命令的方式，关掉电视，切断网络，没收手机，想愣生生地把这三个一直陪伴孩子、带给孩子很多快乐的"保姆"赶出他的生活圈，他怎么能够接受，怎么能割舍得下呢？

孩子放暑假了，家长没有暑假，还要早出晚归地为生活奔忙。谁来陪伴孩子度过这个漫长的假期呢？如果不加提醒，我估计很多家庭，极有可能又是电视、电脑和手机这"保姆三剑客"陪伴孩子了！

所以，放假之前，班主任一定要告诉家长，不要再让电视、电脑、手机做孩子的"保姆"了，否则开学之后，孩子们和这三个"保姆"将更加难舍难分。

2.不要让"金钥匙"毁了孩子这把"好锁"

不让电视、电脑、手机看孩子，那让谁看呢？很多家长选择了辅导班。假期未到，各种辅导班的广告已铺天盖地，宣传语雷人也诱人，极具鼓动性。似乎进了这个辅导班就找到了人生成功之门的金钥匙。

说到钥匙，大家都很熟悉，钥匙的重要性尽人皆知。没有钥匙，打不开锁；忘带钥匙，进不了家。现在关于钥匙的比喻很多，而且还要常常在"钥匙"前面加上一个"金"字，什么"打开智慧宝库的金钥匙""开启成功之门的金钥匙""进入艺术殿堂的金钥匙""考入理想大学的金钥匙"，等等。而钥匙也由一个开锁的工具，衍生出了"关键""窍门""捷径"等含义，似乎有了这把"金钥匙"就能够无往不胜，万事大吉。

家长的最大愿望就是帮孩子找到进入知识殿堂、步入成功之门的金钥匙。为此家长们不惜时间，不吝钱财，买书、报班、听讲座，对那些成功的经验顶礼膜拜，希望奇迹发生在自己孩子身上。还有的家长看到明星一夜成名，就做起了明星梦，让孩子学表演，走艺考；看到少年写手爆红、暴富，就逼孩子学写作，当作家………但是理想很丰满，现实很骨感，读了《哈佛女孩刘亦婷：素质培养纪实》，孩子也没有走进哈佛；买了“状元笔记”，孩子也没有成为状元；拜了名师请了教练，孩子也没有登上冠军的领奖台。

其实，类似的苦恼人人都有，古今皆然。赵括是将门之后又熟知兵法，却只落得一个“纸上谈兵”的笑柄；马谡饱读兵书，素有才名，却只落得兵败被斩的结局。现在呢？这样的人和事就更多了，读了“炒股秘籍”依然被套牢，读了“成功大全”依然过着挫败的人生，读了“快乐宝典”依然在痛苦中挣扎，读了“爱情秘籍”依然形单影只，读了“健康魔法”依然百病缠身，读了大量的心灵鸡汤，心灵依然干涸、皲裂……

有个家长就是这样，看到别人给孩子报课外辅导班效果不错，也赶紧给自己孩子报。孩子不想上，家长不同意，几番对阵之后孩子屈服了。每到周末，孩子就自觉地去上辅导班了，家长很满意。令家长不解的是，孩子的成绩非但没有提高，还下降了很多。家长不明就里，认为是辅导班不给力。直到有一天，碰见了辅导学校的老师才知道孩子根本没有去上辅导班，而是拿着上辅导班的学费去网吧了，周周如此，已经一年多了。

写到这里，我想到了一组漫画。一群鸭子在水里游泳，鸡妈妈看了很羡慕，就把自己的鸡宝宝推入水中，嘴里还说着：“我就不相信你学不会游泳。”好糊涂的鸡妈妈呀！可是，放眼生活中这样的“鸡妈妈”却有很多很多。

老师们，暑假来到了，寻找“金钥匙”的高潮又来到了。班主任有义务提醒家长：保持理智，不要看到什么秘籍、宝典、银点子、金点子、提分班、保过班就头脑发热，而要从孩子的实际情况出发，选取适合的方法，只有找到那把投簧的钥匙，才能顺利开启孩子人生的成功之门。

3.不要越俎代庖，代替孩子做选择

很多人认为现在的孩子没有主见，没有担当，连选择都不会，事实也的确如此。

有一次，我问一个学生将来想做什么工作，他说不知道。我又问他喜欢什么专业，他说不知道。我问他想到哪里上大学，他的回答依然是不知道。我很不理解，一个高中生怎么什么都不知道呢？我开玩笑地问他喜欢穿什么颜色的衣服、喜欢吃什么水果，他居然很认真地回答我“不知道”。为什么会这样呢？他的解释是：“我喜欢什么不重要，重要的是我爸爸、妈妈喜欢什么。妈妈让我穿什么我就穿什么，妈妈买什么水果我就吃什么水果。爸爸、妈妈让我到哪里上大学，我就到哪里上大学。”

这使我想起很久以前教过的一个学生，他高大威猛，酷爱运动。十月份的时候，天气还很热，他居然穿上了秋裤，每天早晨来到学校的第一件事就是进厕所脱秋裤，然后抱着团成一团的秋裤走进教室。“既然不冷，为什么要穿呢？”我不解地问。他说：“妈妈非让我穿，不穿不让出门。”他妈妈身体孱弱，非常怕冷。可怜天下父母心啊，妈妈自己冷，就认为孩子也冷，于是，逼迫孩子大热天就穿上了秋裤。这就应了一句流行语，“有一种冷，叫妈妈觉得你冷”。我们还可以顺着这个思路扩展开来，有一种饿，叫奶奶觉得你饿；有一种喜欢，叫爸爸觉得你喜欢；有一种遗憾，叫爷爷觉得你遗憾；有一种职业，叫人家都在干……

我终于明白了，现在的孩子为什么不会选择，因为没有机会选择。所有的一切都是家长安排好的，他们只要遵照执行就可以了。

既罢牢骚须自省，此间风气染来无？作为教师，我们看别人的问题一针见血，真正轮到自己也未必能做好。有一次，我随一个教师旅游团去黄山旅游。有一家三口引起了我的注意。夫妻都是高中教师，刚刚送完高三毕业班；女儿初三刚刚毕业，正在等待中考成绩。按理说这应该是一家人轻松、幸福的一次旅行。但事实恰恰相反，三个人一路上都在吵架。为什么呢？

在黄山迎客松前，有很多准备照相留念的游客，都在寻找最佳位置，南腔北调，拥挤喧闹。家长认为来到黄山一定要在迎客松前留影，让孩子赶紧

过去照相。在争先恐后的人群中，孩子显得有几分腼腆和胆怯，家长大声地呵斥孩子快点儿过去。孩子试了几次没有抢到最佳位置，对迎客松失去了兴趣，转身走到不远处的一块大石头上，想坐在石头上照相。家长坚决不同意，说："一块石头有什么好照的，迎客松最美。"没有办法，孩子噘着嘴回来，终于站在迎客松前。家长大声斥责，要求孩子笑一笑，不要摆出一副苦瓜脸，孩子当然笑不出来。

一路上，家长拿着风景区介绍图，指指点点，不断地指挥着孩子看这里、看那里，一会儿让孩子抬头看那边的山，一会又让孩子低头看脚下的路；一会儿喊孩子快点儿走别磨蹭，一会儿训孩子好好看风景走那么快干什么……但是孩子一路噘着嘴，最大限度地和父母保持着距离，偶尔看看路边的小花，摸摸松树的枝条。后来，孩子捉到一只奇怪的虫子，兴奋地拿给妈妈看，妈妈说："恶心死了，赶紧扔掉。"

看着这一家人"热热闹闹"的旅行，我产生了一个疑问：他们是来旅游的吗？不是，他们是来角力的，是来看谁能够掌控谁的旅途！

当然，也有些孩子不是不会选择，而是懒得选择，为什么？因为选了也没用。学校有一个出国交流的项目，有一名学生想参加。家长说只要他考上就行。孩子开始努力，废寝忘食地学英语，以优异的成绩通过了选拔考试。当孩子把这个好消息告诉家长的时候，家长却说"别去了"。孩子不解，问家长原因。家长淡淡地说了一句："当初就没想让你去，只想借此机会督促你学英语。"

孩子听了很生气，这是他有生以来第一次自己做出选择，并为此付出了巨大的努力，而且取得了成功。可以说，这是他十六年来第一次自己做成一件事情，而父母简单的一句"别去了"就把他的努力一笔勾销了。从那以后，孩子变得非常消极："反正我说了也不算，你们决定好了。""既然是你们的决定，你们去努力就好了，和我有什么关系呢？……"

这个例子告诉我们，有些时候，不是孩子不会选择，不是孩子懒惰、自私、没有责任意识，而是家长刚愎自用，不允许孩子选择。

暑假，孩子在家里的时间多了，家庭的角力又开始了。班主任必须提醒家长：请把选择的权利还给孩子，放手让孩子长大吧！

4.不要让消极的餐桌文化污染孩子的心灵

教育界有一个“五加二等于零”的说法，就是说学生从周一到周五在学校接受教育，周末离开学校，社会上一些不尽完美的人和事会对他们产生影响，学校教育的效果因此大打折扣，甚至全部归零。这样的情况我们或多或少都遇到过。比如，老师告诉学生做人讲究社会公德，上公交车要排队。学生们这样做了，可惜其他人没有这样做，规规矩矩排队根本上不去。当学生错过一辆又一辆公交车之后，当面临着迟到危险之时，他也许就没有耐心再继续排队了。此时，学校教育的效果就归零了。

导致“五加二等于零”这一结果的原因很多，除了社会原因之外，还有家庭原因，尤其是家庭的饭桌文化。

古人讲究“食不言，寝不语”，但现在人们的生活节奏越来越快，全家人聚在一起的时间越来越少，吃饭时全家人能凑在一起已经很难得了，于是边吃边聊成为很多家庭的生活方式。那么，饭桌上聊什么呢?

有的家长聊社会上的逸闻趣事，把道听途说的小道消息、各种段子当作茶余饭后的谈资，未经甄别，未加选择，其中不乏无聊、无趣甚至消极、灰暗的内容。家长觉得闲聊而已，说说罢了，不当真也不走心，却忘记了饭桌上的孩子。孩子的世界观、人生观还没有形成，好奇心强，分辨力差。家长的无心之言，孩子听在耳中，记在心中，他们误以为世界真是这个样子。

有的家长想利用吃饭时间教子，把自己的人生经验传授给孩子。我认识一个家长，他的孩子单纯、善良如一块璞玉，家长担心孩子走上社会会吃亏上当，于是每天吃饭的时候，都给孩子讲他的人生感悟。他告诉孩子社会如何如何不公、人心多么多么险恶、人与人之间如何尔虞我诈、人们是多么势利庸俗，等等。就是这样消极的饭桌文化，导致孩子小小年纪心理灰暗，消极悲观，本来单纯、善良的孩子变得老气横秋、满腹怨气、思想狭隘、性格偏激、戾气十足。

放假了，孩子在家里的时间多了，家长对孩子的影响是全天候、全方位的，所以，班主任要提醒家长，努力让饭桌文化、家庭文化变得积极向上、阳光健康，让家庭成为正能量的发源地，而不是负能量的加工厂。

亲爱的老师们，暑假来到了，让我们放松心情，好好规划、尽情享受我们的假期吧！